Glaube zwischen Vernunft und Gefühl

Eberhard von Gemmingen (Hg.)

Glaube zwischen Vernunft und Gefühl

Benedikt XVI. – sein Leben in Bildern und Erinnerungen

EDITION RADIO VATIKAN

benno

Lebensstationen

Von Joseph Ratzinger zu Papst Benedikt XVI.

Als der Pfarrer von Marktl am 16. April 1927 ins Taufregister »Joseph Ratzinger« eintrug, vermerkte im Himmel der Schutzengel von Marktl im dortigen Taufregister hinter dem Namen des kleinen Joseph in Klammern (wird mal Papst!!!). Das wussten aber die Marktler damals noch nicht.

Wenn man die Bilder und Texte vom Leben Papst Benedikts an seinem geistigen Auge vorbeiziehen lässt, dann kann man den Eindruck eines »Bilderbuchlebens« bekommen: »Vom Bauernbub zum Papst«. So könnte man über das Bilderbuch schreiben. Es lässt sich an ihm ablesen, was einer aus seinem Leben machen kann, wenn er Verstand und Gedächtnis, Sitzfleisch und Interesse sowie auch noch fromme Eltern hat, die ihn liebevoll erziehen. Da braucht man kein Geld, um berühmt zu werden.

Freilich können Bilder und Texte auch täuschen. Denn wer von uns hat eine Ahnung, welche inneren Kämpfe der kleine, der heranwachsende, der große Joseph Ratzinger aus Marktl durchstehen musste? Davon weiß man bisher fast nichts. Und das wird wohl auch so bleiben. Aber ist es wahrscheinlich, dass alles so glatt ging, wie es in der Rückschau scheinen mag? Gute Noten in der Schule, Lob von Lehrern und Erziehern, eine frühe und klare Berufsentscheidung, gute Professoren im Studium, leichter Aufstieg, gute Förderung, ständig neues Lob und neue Herausforderungen. Da fließen dann die wissenschaftlichen Arbeiten nur so aus der Feder.

Und doch: Man sollte auch registrieren, dass Joseph Ratzinger fast »rastlos« und »heimatlos« war, denn bevor er in Rom sesshaft wurde, hat er – sage und schreibe – an elf verschiedenen Orten gelebt. In 54 Jahren pro Ort durchschnittlich nur rund viereinhalb Jahre. Das ist seine äußere Wanderung. Von seiner inneren wissen wir eigentlich nichts. Aber wir wissen: auch große Heilige – wie Augustinus, Benediktus, Franziskus – hatten es nicht immer leicht mit sich. Es könnte ja sein, dass es Joseph Ratzinger auch nicht immer leicht hatte mit sich, mit den anderen und der Welt. Lassen wir uns durch die lieblichen Bilder und Texte nicht täuschen. Wer weiß, was er uns einst im Himmel über die Dramatik eines Papstlebens alles erzählen wird. Der Schutzengel von Marktl schreibt alles auf.

P. Eberhard v. Gemmingen SJ

Direktor der deutschsprachigen Abteilung von Radio Vatikan

DER SCHÜLER

MARKTL AM INN, TITTMONING, TRAUNSTEIN, MÜNCHEN

Marktl am Inn

»Geboren bin ich am Karsamstag, dem 16. April 1927, zu Marktl am Inn. Dass der Geburtstag der letzte Tag der Karwoche und der Vorabend von Ostern war, wurde in der Familiengeschichte immer vermerkt, denn damit hing es zusammen, dass ich gleich am Morgen meines Geburtstages mit dem eben geweihten Wasser in der zu jener Zeit am Vormittag gefeierten ›Osternacht‹ getauft worden bin: Der erste Täufling des neuen Wassers zu sein, wurde als eine bedeutsame Fügung angesehen. Dass mein Leben so von Anfang an auf diese Weise ins Ostergeheimnis eingetaucht war, hat mich immer mit Dankbarkeit erfüllt, denn das konnte nur ein Zeichen des Segens sein.«

Joseph Ratzinger »Aus meinem Leben«

In dem fast 300 Jahre alten »Mauthaus« in Marktl am Marktplatz 11 wurde Joseph Ratzinger geboren (Foto von 1920).

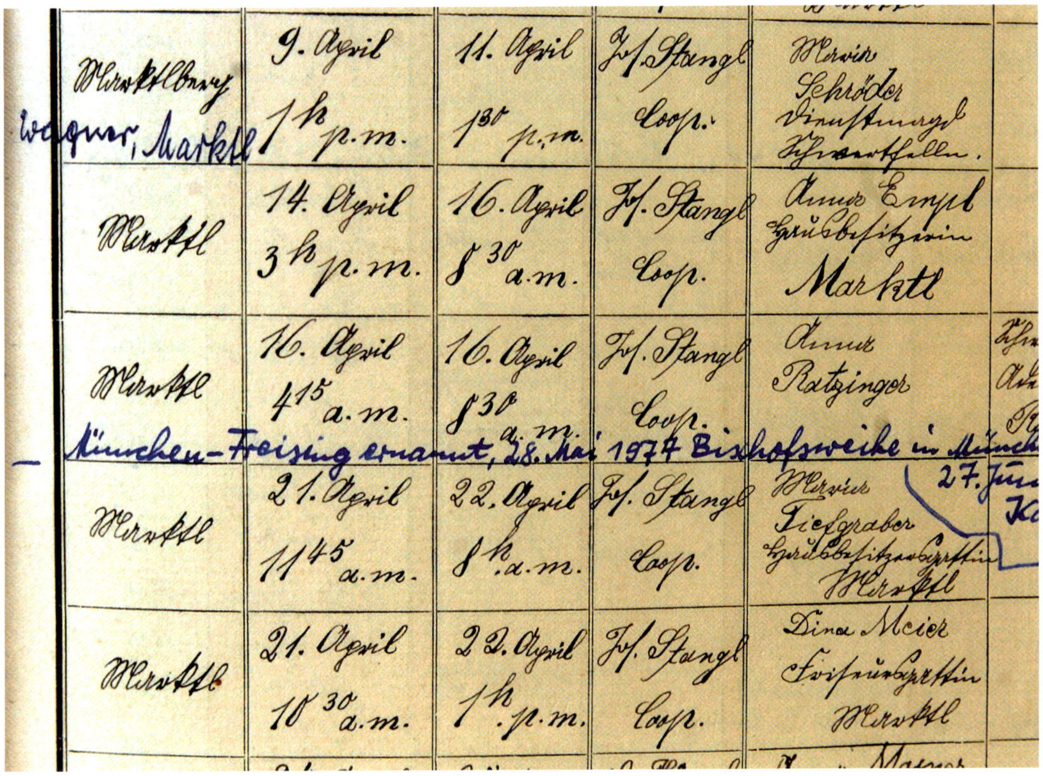

Wagner, Marktl	9. April 1h p.m.	11. April 1 30 p.m.	J. Stangl Coop.	Maria Schröder
Marktl	14. April 3h p.m.	16. April 8 30 a.m.	J. Stangl Coop.	Anna Engel Marktl
Marktl	16. April 4 15 a.m.	16. April 8 30 a.m.	J. Stangl Coop.	Anna Ratzinger
München-Freising ernannt, 28. Mai 1974 Bischofsweihe in Münch				27. Juni
Marktl	21. April 11 45 a.m.	22. April 8h a.m.	J. Stangl Coop.	Maria Tiefgraber Marktl
Marktl	21. April 10 30 a.m.	22. April 1h p.m.	J. Stangl Coop.	Dina Meier Marktl

Eintrag im Taufbuch von Marktl

Papst Benedikt XVI. fährt am 11. September 2006 in der niederbayerischen Ortschaft Marktl am Inn mit dem Papamobil an seinem Geburtshaus im Ortskern vorbei.

Altötting

»Und ich darf nicht vergessen anzumerken, dass Marktl ganz nah bei Altötting liegt, dem altehrwürdigen Marienheiligtum aus karolingischer Zeit, das seit dem späten Mittelalter zum großen Wallfahrtsort für Bayern und das westliche Österreich geworden ist. Altötting empfing gerade in jenen Jahren neuen Glanz, als der ehemalige Pförtner Bruder Konrad von Parzham selig- und dann heiliggesprochen wurde. In diesem demütigen und grundgütigen Menschen fanden wir das Beste unseres Stammes verkörpert und durch den Glauben zu seinen schönsten Möglichkeiten geführt. Später habe ich oft nachgedacht über diese merkwürdige Fügung, dass die Kirche im Jahrhundert des Fortschritts und der Wissenschaftsgläubigkeit sich selbst am meisten dargestellt fand in ganz einfachen Menschen, in Bernadette von Lourdes etwa oder eben in Bruder Konrad, die von den Strömungen der Zeit kaum berührt schienen: Ist das ein Zeichen, dass die Kirche ihre kulturprägende Kraft verloren hat und nur noch außerhalb des eigentlichen Geschichtsstroms angesiedelt ist? Oder ist es ein Zeichen, dass der helle Blick für das Wesentliche gerade auch heute den Geringen gegeben ist, der den ›Weisen und Verständigen‹ so oft abgeht (vgl. Mt 11,25)? Ich denke schon, dass gerade diese ›kleinen‹ Heiligen ein großes Zeichen an unserer Zeit sind, das mich umso mehr berührt, je mehr ich mit und in ihr lebe.«

Joseph Ratzinger »Aus meinem Leben«

Besuch des Heiligen Vaters am 11. September 2006 in Altötting. Gebet in der Kirche Sankt Konrad am Grab des heiligen Bruder Konrads von Parzham

»Altötting ist in meine frühesten Kindheitserinnerungen hineinverwoben und gehört einfach zum ganzen Gefüge meiner Lebenserinnerung, von diesen frühen Anfängen an – die erste bewusste, die ich aufzählen könnte, ist die Heiligsprechung von Bruder Konrad – bis dann durch alle Phasen meines Lebensweges hindurch. Vielleicht erwähne ich gerade auch, dass, als mein Bruder und ich vom Krieg heil heimgekommen waren, unser Vater, der immerhin schon 68 Jahre alt war, zu Fuß den weiten Weg von Traunstein nach Altötting gegangen ist, um der Gottesmutter zu danken, dass seine beiden Buben wieder heimgekommen waren, deren Schutz er ihr anvertraut hatte.«

Ansprache von Benedikt XVI. anlässlich der Verleihung der Ehrenbürgerschaft durch die Stadt Altötting, 7. Juni 2006

Die Schwarze Madonna von Altötting.

Tittmoning

»Tittmoning bleibt ja die Traumstadt meiner Jugend, in die ich in meinen Gedanken und Träumen immer wieder einkehre. Wenn ich so nachdenke, muss ich sagen: Damit ist jetzt die Perlenkette der Stätten meiner Kindheit und Jugend voll, die von Marktl über Tittmoning nach Aschau und Traunstein geht. Und ich freue mich, dass nun diese Perlen mir ganz neu zu eigen geworden sind, dass ich ihnen neu zu eigen geworden bin.

Ich werde ja leider nach menschlicher Voraussicht nicht mehr richtig dahin fahren und dort wandern können auf den Straßen meiner Kindheit und Jugend, aber die Wanderschaft in den Erinnerungen bleibt mir und ist nun lebendiger geworden, weil ich nun wirklich einer von den Ihrigen bin, Tittmoning zu mir gehört und ich ein Tittmoninger bin.

Ich will jetzt nicht im Einzelnen schildern, auf welchen Wegen ich da herumwandern werde: natürlich nach Ponlach hinauf, und ich freue mich, dass Sie diese Grotten restaurieren, die Salzachauen hinunter, in der Stadt, zu den Kirchen und so fort.

Ich habe nachgedacht, wie ich sozusagen mein Bild von Tittmoning zusammenfassend darstellen kann. Da würde ich sagen, mir ist ein Dreiklang gekommen. Tittmoning ist zunächst einmal eine wirklich bayerische Stadt, das Herzhafte und Lebhafte, Fröhliche des Bayerischen ist da ganz gegenwärtig. Aber Tittmoning ist nicht nur bayrisch. Es liegt an der Salzach, es schaut nach Salzburg hinüber, ist von Salzburg und damit auch vom Italienischen geprägt worden. Es hat dieses Heitere und Weite des Salzburgischen, Italienischen und des Bayerischen zugleich in sich. Und endlich: Es ist vom Katholischen geprägt. Himmel und Erde gehören zueinander, die Sinnenfreude des Katholischen, das Lebendige, und dann zugleich die Weite, die über die Grenzen hinüberschaut, die Kulturen und Völker miteinander verbindet, füreinander offen ist, sich in ihnen wiedererkennt und Himmel und Erde miteinander verbindet.

So ist es eine Stadt, in der wir dieses Besondere des Europäischen haben: tiefgreifende Wurzeln, die dann zugleich Weite gestatten und die Zukunft eröffnen.

Das ist mein Wunsch an diesem Tag, an dem ich für all die Geschenke, die ich empfangen durfte, herzlich danke, dass Tittmoning seine Wurzeln behält, seine Weite, seine katholische Weite behält und dadurch auch eine große und schöne Zukunft vor sich haben möge.«

Ansprache von Benedikt XVI. anlässlich der Verleihung der Ehrenbürgerschaft durch die Stadt Tittmoning am 24. Januar 2007 im Vatikan

Blick auf Tittmoning an der Salzach

»Ich habe heute schon meiner Sekretärin erzählt vom Kindergarten, wie wir vor Weihnachten in den Gängen dort herumgegangen sind und geprobt haben zu singen. Und dann einzuziehen in den Saal, in dem ein Christbaum stand, es bleibt für mich wirklich ein Traum, der bis zur Decke reichte und oben sich noch ein bisschen herumbog. Und ich habe ihr erzählt vom Nikolaus, der mit goldbrokatenen Gewändern kam, und dadurch war für mich ganz sicher, dass alle anderen Nikoläuse falsch sind, aber dass das der richtige ist, der einzig richtige. Und zwei Schwestern haben die Türen zugehalten, damit der Krampus nicht hereinkam, der draußen fürchterlich getobt hat. Wenn dann die schlimmen Dinge verlesen wurden, die wir angestellt haben, konnten sie die Türen fast nicht mehr zuhalten. Das war viel schlimmer, als wenn er da gewesen wäre, weil das nur Vorstellbare, nicht Eintretende viel gefährlicher ist, als das, was man wirklich sehen kann. An den besonders schlimmen Stellen haben die Schwestern gesagt: ›Jetzt konnten wir die Türen eben noch halten, wenn noch Schlimmeres kommt, dann geht's nicht mehr.‹ Das war der stärkste Antrieb zu versuchen, im nächsten Jahr nichts zu tun, was dazu führen könnte, dass die Schwestern eventuell die Türen nicht mehr zuhalten könnten.«

Ansprache von Benedikt XVI. anlässlich der Verleihung der Ehrenbürgerschaft durch die Stadt Tittmoning am 24. Januar 2007 im Vatikan

Traunstein

»Mit dem Umzug nach Traunstein begann aber für mich auch ein neuer Ernst. Wenige Tage nach der Ankunft öffnete die Schule ihre Pforten; ich ging nun in die erste Klasse des ›humanistischen Gymnasiums‹, das man heute als sprachliches Gymnasium bezeichnen würde. Ich hatte einen Schulweg von einer halben Stunde, der reichlich Zeit zum Schauen und Sinnieren, aber auch zum Wiederholen des in der Schule Erlernten gab.
Die Aschauer Volksschule hatte am Schluss wenig geboten. Nun fand ich mich einer neuen Disziplin und einem neuen Anspruch ausgesetzt, zumal ich der Jüngste und einer der Kleinsten in der ganzen Klasse war. Noch wurde Latein als Basis des ganzen Unterrichts in alter Strenge und Gründlichkeit gelehrt, wofür ich ein Leben lang dankbar geblieben bin: Ich hatte als Theologe keine Schwierigkeit, die Quellen in Latein und Griechisch zu studieren, und konnte mich in Rom beim Konzil, obwohl ich nie lateinische Vorlesungen gehört hatte, schnell in das damals gesprochene Theologen-Latein einfügen.«

Joseph Ratzinger »Aus meinem Leben«

Die Familie Ratzinger im Jahr 1938. Von rechts nach links: Vater Joseph, Schwester Maria, Mutter Maria und die Brüder Georg und Joseph.

Ich hege die Absicht, katholischer Priester zu werden

»... Freilich, die geschichtliche Großwetterlage war alles andere als ermutigend. Im Frühjahr schon war unsere Batterie direkt angegriffen worden mit einem Toten und mehreren Verwundeten als Folge. Im Sommer setzten systematische Großangriffe auf München ein. Wir durften dreimal in der Woche in die Stadt ans Max-Gymnasium zum Unterricht fahren, aber es war erschreckend, jedes Mal neue Zerstörungen zu sehen und zu erleben, wie die Stadt Stück um Stück in Trümmer versank. Immer mehr erfüllten Rauch und Brandgeruch die Luft. Schließlich waren auch die regelmäßigen Bahnfahrten nicht mehr möglich. In dieser Situation sahen die allermeisten von uns die im Juli endlich begonnene Invasion der westlichen Alliierten in Frankreich als ein Hoffnungszeichen an: Es gab im Grund ein großes Vertrauen zu den Westmächten und die Hoffnung, dass deren Rechtsempfinden auch Deutschland zu einer neuen, friedlichen Existenz verhelfen werde. Freilich – wer von uns würde das erleben? Keiner von uns konnte sicher sein, dass er aus dem Inferno als Lebender heimkehren würde.«

Joseph Ratzinger »Aus meinem Leben«

»Eines Nachts wurden wir aus den Betten geholt und im Trainingsanzug, halb schlaftrunken, versammelt. Ein SS-Offizier ließ jeden einzeln vortreten und versuchte, unter Ausnutzung unserer Müdigkeit und durch die Bloßstellung eines jeden vor der versammelten Gruppe, ›freiwillige‹ Meldung zur Waffen-SS zu erzwingen. Eine ganze Reihe von gutmütigen Kameraden ist so in diese verbrecherische Gruppe hineingepresst worden. Mit einigen anderen hatte ich das Glück, sagen zu können, dass ich die Absicht hege, katholischer Priester zu werden. Wir wurden mit Verhöhnungen und Beschimpfungen hinausgeschickt. Aber diese Beschimpfungen schmeckten großartig, denn sie befreiten uns von der Drohung dieser verlogenen ›Freiwilligkeit‹ und von all ihren Folgen.«

Joseph Ratzinger »Aus meinem Leben«

Joseph Ratzinger als Luftwaffenhelfer 1943

STUDENT UND PRIESTER

FREISING

Adsum in Freising

»Ich war glücklich, als ich endlich von dieser schönen, aber drückenden Last frei war und mich wenigstens die letzten zwei Monate ganz der Vorbereitung auf den großen Schritt widmen konnte: die Priesterweihe, die uns Kardinal Faulhaber im Dom zu Freising am Peter-und-Paulstag 1951 spendete. Wir waren über vierzig Kandidaten, die auf den Aufruf hin ›Adsum‹ sagten: Ich bin da – an einem strahlenden Sommertag, der als Höhepunkt des Lebens unvergesslich bleibt. Man soll nicht abergläubisch sein. Aber als in dem Augenblick, in dem der greise Erzbischof mir die Hände auflegte, ein Vöglein – vielleicht eine Lerche – vom Hochaltar in den Dom aufstieg und ein kleines Jubellied trällerte, war es mir doch wie ein Zuspruch von oben: Es ist gut so, du bist auf dem rechten Weg.«

Joseph Ratzinger »Aus meinem Leben«

Dr. Michael Faulhaber, Erzbischof von München und Freising von 1917 bis 1952

Joseph Ratzinger (r.) und sein Bruder Georg (l.) werden am 29. Juni 1951 zusammen mit 40 weiteren Kandidaten zu Priestern geweiht.

Zwei Brüder feiern Primiz in Traunstein

»Ein kirchliches Hochfest war am 8. Juli Traunstein beschieden: Die Doppelprimiz der beiden Brüder Ratzinger: Kriegsbedingte Folgen haben sie am gleichen Tage zum Primizaltar in ihrer Heimatpfarrkirche geführt. Schon der Vorabend, der draußen in Hufschlag vor dem Elternhaus der beiden Primizianten, als ringsherum in den Fenstern des Weilers die roten Windlichter brannten, während die katholische Jugend Traunsteins sang und spielte, war ein Bekenntnis des Volkes, besonders der Jugend zu ihren Priestern. Am Festtagsmorgen selbst standen die Banner der Jugend um den Hochaltar, während der eine der beiden Neugeweihten sein erstes hl. Messopfer als Gemeinschaftsmesse mit der Jugend feierte. Eindrucksvoll und ansprechend war es, wie die Jugend mit dem Neupriester betete, sang und mitopferte, um aus seinen Händen den heiligen Leib des Herrn zu empfangen. Eine Stunde später, da nach altem Brauch des Traungaues die beiden H. H. Primizianten und Eltern von Stadtklerus und Stadtrat, von Musik und Vereinsfahnen, von weißen Mädchen und Ministranten zur Pfarrkirche geleitet wurden, krachten die Böller, klangen wuchtig und schwer die Glocken über der Stadt an der Traun, säumten viele Hunderte die lange Straße, die dem ›königlichen Priestertum‹ zu Ehren in Tannengrün und Rosenblühn gekleidet waren. Wo aber die Straße in den weiten Stadtplatz einmündete, da grüßten von den Häusern die Fahnentücher in den Farben der Kirche, der Stadt und des Landes. Und weil die Pfarrkirche nicht alle, die am Neupriester-Festtag mitfeiern wollten, fassen konnte, wurde der große Stadtplatz zum zweiten Gotteshaus, auf den hinaus ein Lautsprecher das heilige Geschehen am Hochaltar und die Predigt, gehalten von Studienrat Pöhlein, übertrug. Das feierliche Hochamt mit seiner ganzen liturgischen Prachtentfaltung war meisterhaft umrahmt von Haydns Nelson-Messe. Die feierlichen Klänge des ›Großer Gott, wir loben dich‹ waren schon lange verklungen, als die Neupriester, unter der Sakristeitür stehend, noch einmal den drängenden Gläubigen den Primizsegen spendeten. Und in den Abendstunden versammelte sich noch einmal das katholische Traunstein um seine Neupriester zu einer weihevollen Priesterandacht im mächtigen Kirchenraum von St. Oswald.«

Münchner Katholische Kirchenzeitung vom 8. Juli 1951

Familie Ratzinger nach der Primiz der beiden Brüder am 8. Juli 1951.

Ich nenne euch Freunde

»Jetzt, da ich in diesem Dom stehe, steigen so viele Erinnerungen in mir wieder auf, auch wenn ich die alten Weggefährten sehen darf, und die jungen Priester, die die Botschaft, die Fackel des Glaubens, weitertragen. Es tauchen die Erinnerungen daran auf, wie ich hier bei der Priesterweihe auf dem Boden hingestreckt lag und, gleichsam eingehüllt in die Allerheiligenlitanei, in die Bitte aller Heiligen, wusste, dass wir auf diesem Weg nicht allein sind, sondern dass die große Schar der Heiligen mit uns geht und dass die lebendigen Heiligen, die Gläubigen von heute und von morgen, uns mittragen und begleiten. Dann der Augenblick der Handauflegung … und schließlich, als Kardinal Faulhaber uns das Wort Jesu zurief: ›Iam non dico vos servos, sed amicos‹ – ›Ich nenne euch nicht mehr Knechte, sondern Freunde‹, da habe ich Priesterweihe erfahren als Einweihung in die Gemeinschaft der Freunde Jesu, die gerufen sind, mit ihm zu sein und seine Botschaft zu verkünden.«

Begegnung mit den Priestern und ständigen Diakonen Bayerns. Ansprache von Benedikt XVI. in der Kathedrale Hl. Maria und Hl. Korbinian zu Freising am 14. September 2006

Gebet am Schrein des Heiligen Korbinian am 14. September 2006 zum Abschluss seiner Bayern-Reise

Joseph Ratzinger als Dozent der Dogmatik und Fundamentaltheologie in Freising im Sommersemester 1955.

Heimat

»Noch einmal hatte ich mit meinen guten Eltern zusammenleben dürfen und in ihrer gütigen Gemeinschaft die Geborgenheit gefunden, die ich gerade in den aufregenden Ereignissen so sehr brauchte, denen ich ausgesetzt gewesen war.
Der Freisinger Domberg, auf dem es nun leider kein Priesterseminar mehr gibt, ist mir ein Stück Heimat geworden, an das sich die Erinnerungen eines großen, wenn auch gefährdeten Anfangs ebenso knüpfen wie die Bilder des Miteinander im Alltag und in den festlichen Stunden, die wir dort begehen durften.«

Joseph Ratzinger »Aus meinem Leben«

Der Freisinger Dom auf dem Domberg.

Joseph Ratzinger, Professor für Dogmatik und Fundamentaltheologie, im Frühjahr 1959 in seiner Wohnung in Freising.

Die Familie Ratzinger vor dem Abschied Josephs von Freising nach Bonn im Frühjahr 1959. V. l. n. r.: Joseph Ratzinger, Mutter Maria, Vater Joseph, Schwester Maria und Bruder Georg

PROFESSOR RATZINGER

BONN, MÜNSTER, TÜBINGEN UND DAS II. VATIKANISCHE KONZIL

Professor in Bonn

»Am 15. April 1959 begann ich meine Vorlesungen nunmehr als ordentlicher Professor der Fundamentaltheologie an der Bonner Universität vor einer großen Hörerschar, die mit Begeisterung den neuen Ton aufnahm, den sie bei mir zu vernehmen glaubte. Einstweilen wohnte ich noch im Theologenkonvikt Albertinum, und das war gut so für den Anfang: Ich nahm am ganz normalen Tagesablauf der Theologen teil und wuchs so auch schnell in ein ungezwungenes menschliches Miteinander mit meinen Hörern hinein. Stadt und Universität begeisterten mich: Der Hofgarten, durch den mich mein Weg an die nahe gelegene Universität führte, verschwendete die volle Pracht des Frühlings in jenem sonnigen Jahr. Die Universität zeigte immer noch die Wunden des Krieges, vor allem in den Lücken der Universitätsbibliothek und der Seminarbibliotheken, in denen die großen Quellensammlungen, die ich für meine Arbeit brauchte, noch unvollständig waren. Aber der noble Bau der alten kurfürstlichen Residenz, der nach dem Ende der napoleonischen Ära zum Hauptgebäude der Universität geworden war, hatte auch durch den Krieg seine besondere Atmosphäre nicht verloren; das pulsierende akademische Leben darin, die Begegnung mit Studierenden und Professoren aller Fakultäten begeisterten und inspirierten mich. Nachts hörte ich die Schiffe auf dem Rhein, der am Albertinum vorbeifließt. Der große Strom mit seiner internationalen Schifffahrt gab mir ein Gefühl der Offenheit und Weite, einer Berührung der Kulturen und der Nationen, die seit Jahrhunderten hier aufeinandertrafen und sich befruchteten. Während Bayern ein Bauernland ist und seine besondere Schönheit, seine Beständigkeit und seine innere Ruhe gerade aus diesem seinen Charakter bezieht, fand ich mich nun in einer ganz anders geprägten Landschaft: Köln war nahe, Aachen nicht weit, Düsseldorf und das Ruhrgebiet gehörten zu unserem Einzugsbereich.«

Joseph Ratzinger »Aus meinem Leben«

Joseph Ratzinger sitzt im Sommer 1960 in der Bibliothek des Seminars in Bonn.

Feierliche Eröffnung des II. Vatikanischen Konzils am 11. Oktober 1962 im Petersdom in Rom, der als Konzilsaula dient.

Das Konzil

Der Kölner Kardinal Joseph Frings (r.) nahm den jungen Theologen Joseph Ratzinger als Berater mit zum Konzil nach Rom.

Sie sind nun Professor, Ihre Stationen sind Bonn, Münster, Tübingen und Regensburg. Ihre Ansätze sind reformerisch. Der deutsche Kardinal Joseph Frings in Köln macht Sie schließlich zu seinem Berater. Und jetzt geschieht etwas Erstaunliches. Das Konzil ist eigentlich längst vorbereitet und bis ins Einzelne hinein durchgeplant, bis Sie für Kardinal Frings eine Aufsehen erregende Rede schreiben. Und plötzlich wird alles noch mal umgeworfen und die in allen Dokumenten schon vorbestimmte Versammlung neu aufgerollt. Wie war das genau?

»Man soll, das hat Karl Rahner sehr oft gesagt, nie die Rolle eines Einzelnen überschätzen. Das Konzil war nun doch ein ganz großer Körper, und sicher haben Einzelne auch ganz bestimmende Impulse gegeben, aber sie konnten sie auch nur deshalb geben, weil andere dasselbe wollten. Vielleicht konnten es andere noch nicht formulieren, aber die Bereitschaft dazu war vorhanden, man hat nach etwas Ausschau gehalten.

So gab es beim Konzil die Situation, dass die Konzilsväter mit dem Willen kamen, nicht einfach fertige Texte zu verabschieden und sozusagen nur Notarsarbeit zu tun, sondern ihrem eigenen Amt gemäß gemeinsam zu ringen um das Wort, das in dieser Stunde gesagt werden muss. Es gab die Vorstellung, wir müssten die Aufgabe selbst in die Hand nehmen, nicht um den Glauben umzukrempeln, sondern um ihm im Gegenteil richtig zu dienen. In diesem Sinn hat die Einleitungsrede von Frings (die ja mit der von Kardinal Liénart/Lille sich berührte) eigentlich nur das ins Wort gehoben, was als gemeinsames Bewusstsein der Väter schon vorhanden war.«

Was haben Sie denn geschrieben in dieser Rede?

»Die allererste war nicht von mir geschrieben, es war auch eigentlich keine Rede. Es war so, dass man in Rom schon Vorschläge erarbeitet hatte für die Zusammensetzung der Kurie, der Kommissionen. Und man erwartete, dass aufgrund dieser vorgelegten Listen sofort gewählt würde. Das wollten nun viele nicht. Dann haben sowohl Kardinal Liénart wie Kardinal Frings sich erhoben und gesagt, wir können jetzt nicht einfach wählen, wir müssen miteinander Kontakt aufnehmen, um zu wissen, wer zu was geeignet ist, die Wahlen müssen verschoben werden. Das war eigentlich der erste Paukenschlag zu Konzilsbeginn. Wenn man überlegt, war es auch wieder gar nicht so rabiat. Dass man versucht, selber geeignete Kandidaten ausfindig zu machen, ist normal. Das war ein Impuls, der den beiden spontan kam und der auch dem entsprach, was die Versammlung wollte.

Das Zweite war – vielleicht ziehen sich in dieser Geschichte, die ich erzählt habe, verschiedene Ereignisse zusammen –, dass konkret, als der Text über die Offenbarung zur Diskussion vorgelegt werden sollte,

Kardinal Frings – und da hatte ich allerdings mitgewirkt – erklärt hat, der Text, so wie er abgefasst ist, sei kein geeigneter Ausgangspunkt. Man müsse da von Grund auf neu anfangen, aus der Mitte des Konzils neu erarbeiten. Das war wirklich ein Paukenschlag. Er hat eigentlich erst dazu geführt, dass man generell gesagt hat, wir machen die Texte selber neu. In der dritten Rede, die berühmt geworden ist, ging es darum, dass die Methoden des Heiligen Offiziums reformiert werden müssen und dass da ein transparentes Verfahren entstehen muss. Das sind die Reden, die sich stark der Öffentlichkeit eingeprägt haben.«

War dieser Paukenschlag regelrecht geplant gewesen? Die Wirkung der Rede konnte Sie doch nicht überrascht haben?

»Sie hat vielleicht manche überrascht, aber sie entsprach auch einer Erwartung. Kardinal Frings hatte vorher Einzelkontakte aufgenommen, aus denen hervorging, dass eine Erwartungshaltung dieser Art bestand. Es entsprach sozusagen der inneren Vernunft der Versammlung, so etwas zu sagen.«

Joseph Ratzinger »Salz der Erde. Ein Gespräch mit Peter Seewald«

Im Rahmen des XX. Weltjugendtages besucht Papst Benedikt XVI. am 18. August 2005 den Kölner Dom. Der Papst besprengt das Grab von Kardinal Frings mit Weihwasser.

Joseph Ratzinger (l.) während des II. Vatikanischen Konzils im Gespräch mit Yves Congar, 1962 in Rom

Tübingen

»Vielleicht muss ich aber doch, ehe ich zur nächsten Etappe meines Weges komme, noch einmal sagen, dass in alledem auch viele normale und fruchtbare Arbeit geleistet werden konnte. Da 1967 Hans Küng die dogmatische Hauptvorlesung hielt, war ich frei, ein seit zehn Jahren im Stillen gehegtes Projekt endlich zu verwirklichen. Ich wagte mich an eine Vorlesung für Hörer aller Fakultäten, die ich unter dem Titel ›Einführung in das Christentum‹ stellte. Daraus ist dann ein Buch geworden, das in 17 Sprachen übersetzt wurde und nicht nur in Deutschland eine große Zahl von Auflagen erreichte; es wird noch immer gelesen. Dass es manche Mängel hat, war und ist mir sehr bewusst, aber dass ich vielen Menschen damit eine Tür öffnen konnte, ist mir eine Genugtuung und auch ein Anlass, Tübingen zu danken, in dessen Atmosphäre die Vorlesung entstanden ist.«

Joseph Ratzinger »Aus meinem Leben«

Der blitzgescheite Professor

Es war im Wintersemester 1968–69 in Tübingen, dass ich den ehemaligen Professor Joseph Ratzinger persönlich kennenlernte. Aber er war mir damals kein Unbekannter. Vorher hatte ich drei Jahre Theologie in Innsbruck studiert. Und eines Tages kam ein Jesuiten-Kommilitone und fragte, ob ich schon mal ein Manuskript von dem jungen Konzilstheologen Ratzinger in den Händen gehabt hätte. Er gab mir eines, ich las und war ebenso wie viele andere Theologiestudenten fasziniert. Da schrieb einer in einer völlig anderen Weise, als wir es sonst erlebten.
Man muss zugeben, dass die theologische Fakultät in Innsbruck nach dem Abgang der Gebrüder Rahner, von Andreas Jungmann und anderer ein recht bescheidenes Niveau hatte. Die Ratzinger-Manuskripte gingen von Hand zu Hand – damals konnte man noch nicht so leicht fotokopieren.

Er war mir also kein Unbekannter, als ich Folgendes von einer Tante – einer Freundin meiner Mutter – hörte: Sie war etwa 65 Jahre alt, stammte aus Bayern und fühlte sehr bayrisch, wohnte aber ihres politisch tätigen Bruders wegen in Bonn, was für damalige Bayern durchaus zu ›Preußen‹ gehörte. Sie hatte in der Zeitung von dem jungen Konzilstheologen Ratzinger aus Bayern gelesen, von seinen umwerfenden Texten beim Konzil in Rom, von seiner neuen Theologie. Diese ziemlich dynamische und musisch hoch begabte Tante hatte noch nie Scheu vor einem Priester oder Professor. So suchte sie im Bonner Telefonbuch nach dem Namen Ratzinger, rief ihn an und fragte ihn, ob er sich als Bayer in ›Preußen‹ ebenso in der Fremde fühle. Er fühlte und kam zu meiner Tante wiederholt zum Tee. Es entstand eine ›Freundschaft‹ zwischen einer rüstigen Großmama und einem gerade mal 40-jährigen Überflieger.
Diese Tante nun besuchte nämlichen Überflieger, der von Bonn über Münster nach Tübingen geflogen war, und lud mich ein, ihren bayrischen Landsmann in seinem Tübinger Domizil zu besuchen.
So stand ich denn als junger Priester dem blitzgescheiten Professor gegenüber. Ihn beeindruckte damals wohl am meisten, dass ich als einziger Sohn meiner verwitweten Mutter neben fünf Schwestern nicht den vorgezeichneten Beruf eines Landwirts gewählt hatte, sondern Jesuit geworden war. Ich vermute, die Bewunderung des heutigen Papstes für mich war damals am höchsten, denn später lernte er mich besser kennen und fand wohl, dass Bewunderung doch ein wenig übertrieben war.

P. Eberhard v. Gemmingen

MEIN ZUHAUSE

REGENSBURG UND PENTLING

Außenansicht der Universität Regensburg

Regensburg

»Ich habe dieses Miteinander, das Regensburg wie mir scheint auszeichnet, von tiefen Wurzeln in der Geschichte und von lebendiger Dynamik in die Zukunft hinein zuerst in der besonderen Weise erfahren, die mir dadurch gegeben wurde, dass ich seit '64 immer wieder Gast bei meinem Bruder, bei den Domspatzen sein durfte, ein Chor, der der älteste durchgehend bestehende Knabenchor der Welt ist und der doch immer wieder neu aus ganz jungen Menschen besteht, der davon lebt, dass er seine Kontinuität nicht verliert und dass er doch immer wieder neu beginnt, mit jungen Menschen sich neu inspiriert und neue Wege findet.

Es gab ja in der karolingischen Zeit viele Knabenchöre, Schulen für Knaben an den verschiedenen Kathedralen. Aber offenbar hat sich nur der regensburgische durch die Jahrhunderte, durch Höhen und Tiefen hindurch gehalten. Dieses Ineinander von Beharrlichkeit und Mut zur Zukunft, diese Fähigkeit, auch in dunklen Zeiten und in Tiefpunkten durchzuhalten und weiterzugehen, scheint mir doch das besonders Auszeichnende dieser Stadt zu sein.

Dann ist natürlich meine Beziehung neu und noch unmittelbarer geworden, als ich selbst 1969 nach Regensburg übersiedelte. Ich hatte zunächst einmal den Vorschlag, an die neue Universität zu gehen,

Der Leiter der Regensburger Domspatzen, Domkapellmeister Georg Ratzinger, bei einer Chorprobe am 1. November 1989 in Regensburg

in deren berufungskonstituierendem Ausschuss ich gewesen war, abgelehnt, schon weil ich nicht meine eigene Funktion in der Konstitution mit einer Annahme eines Rufes verwechseln wollte, aber auch, weil es natürlich etwas Schönes war, an einer so großen alten Universität wie Tübingen zu dozieren. Aber dann waren zwei Dinge, die mich doch veranlasst haben, den Sprung zu wagen, oder eigentlich drei Dinge.

Zum einen war der ideologische Wirbel in einer so kleinen Stadt wie Tübingen, wo man sagt, dass die Universität zugleich das Stadttheater ersetze, besonders wuchtig und der Harmonie, der inneren Harmonie, die man für die Arbeit braucht, nicht besonders zuträglich. Aber ein rein negativer Grund wegzugehen, hätte nicht genügt. Es hat mich auch fasziniert, am Werden einer jungen Universität teilzunehmen, nachdem ich an drei großen alten Universitäten (Bonn, Münster, Tübingen) gelehrt hatte, mitzutun, eine neue Universität aufzubauen. Und dann kam natürlich dazu, dass mein Bruder in Regensburg wohnte und es mir insofern schon ein Daheim geworden war.

Es war dann in der Tat etwas Schönes und mitunter Aufregendes, diese Universität, in der es ja auch die ideologischen Wirrnisse, die ganzen Situationen besonderer Art des Umbruchs nach ’68 gab, allmählich aufzubauen. Wir fingen mit einem Sammelgebäude an, und allmählich wuchs dann der Universitätscampus. Am Anfang stand die Universität nicht nur als ein verlorener Betonbau äußerlich etwas in der Peripherie der Stadt, auch für die Stadt selber war die Universität noch etwas Fremdes, obgleich sie sich über Jahrhunderte hin nach einer Universität ausgestreckt und nach dem Krieg bewundernswerte Anstrengungen unternommen hatte, um eine Universität einzurichten, schon fast eine Medizinische Fakultät, auch literarische Fächer aufgebaut hatte, dann wieder alles verloren hatte.

Dann kam die Universität und war zunächst doch etwas Ungewohntes. Sie wuchs, und inzwischen sind Stadt und Universität wirklich zueinandergewachsen und befruchten sich gegenseitig.
Wer den Dom in seiner ganzen Größe sieht, den lächelnden Engel, die Muttergottes, die Gestalten, und wer all die anderen großen Kirchen und Bauten dieser Stadt sieht, der sieht, dass wie immer auch in den vergangenen Zeiten Dunkles und Großes miteinander verbunden waren, dass die Geschichte auch heute uns zu belehren hat, dass wir Geschichte nicht verlieren dürfen, sie verlieren würden, wenn wir sie vergessen, sie verlieren würden, wenn wir stagnieren wollten.
So scheint mir diese Durchdringung des jungen Lebens der Universität und vieler anderer natürlich wirtschaftlicher junger Unternehmungen in der Stadt mit ihrer großen Geschichte eine besondere Begabung zu sein, die dieser Stadt ihren Schwung und zugleich ihre Gemütlichkeit, wenn ich es so ausdrücken darf, ihr Flair von Heimat und von Zuhause gibt.
Regensburg ist außerdem auch eine ökumenische Stadt. Als Reichsstadt war Regensburg protestantisch, aber paradoxerweise war doch die Mehrzahl der Einwohner, nicht der Bürger, aber der Einwohner, katholisch. Und was in den Territorialstaaten mit ihrem ›cuius regio, eius religio‹ nicht möglich war, war hier möglich und nötig, dass Katholiken und Protestanten friedvoll miteinander wohnten, sich kennen- und verstehen lernten, und so ohne große ökumenische Gespräche, die es freilich im 16. Jahrhundert gegeben hatte, doch im Miteinander auch Verstehen wuchs, wie dann auch die jüdische Gemeinde in Regensburg, auch bei allen Um- und Abbrüchen, beim Tragischen, Negativen, doch immer wieder in Regensburg zu Hause war und mit zu dieser Stadt gehört hat.«

Ansprache von Benedikt XVI. anlässlich der Verleihung der Ehrenbürgerschaft durch die Stadt Regensburg am 21. Juni 2006 im Vatikan

Da, wo »mein Häusle« steht …

Es gibt nicht allzu viele private Fotos von Papst Benedikt XVI. Die wenigen, die die Zeitungen und Fernsehkanäle auftreiben konnten, machten in den Tagen nach seiner Wahl auf den Stuhl Petri die Runde.
Eines davon war wegen seines besonderen Charmes ganz oft zu sehen: Der Kardinal ist da abgelichtet, in einem schwarzen Anzug, neben ihm seine Schwester Maria, sie trägt ein ganz einfaches Kleid – und zwischen beiden kann man die Figur einer Bronzekatze sehen. Dieses Bild stammt aus dem heimatlichen Garten der Ratzingers – und dieser Garten liegt nicht in Marktl, nicht in Traunstein und auch nicht in München, nein, er liegt in Pentling bei Regensburg, einer kleinen Gemeinde, die nach eigenen Angaben gerade einmal 2639 Einwohner hat, dazu kommen noch etwa 3000 in den verschiedenen eingemeindeten Ortschaften ringsum.
Pentling, ein idyllisches kleines Örtchen, nicht weit von der Universitätsstadt Regensburg. Hier war es auch, wo der Dogmatikprofessor Joseph Ratzinger 1969 zusammen mit seiner Schwester Maria einzog –

und hier in Pentling kaufte er 1971 auch ein Haus, in dem bis heute sein erster Wohnsitz ist. Im Einwohnermeldeamt gibt es seitdem eine Karteikarte für den Dr. Joseph Ratzinger; er hat sich nicht abgemeldet, als er als Erzbischof nach München ging, und ebenso wenig, als er ein paar Jahre später wieder die Koffer packen musste, weil Papst Johannes Paul II. den jungen Kardinal nach Rom gerufen hatte. Na – und auch nach dem 19. April 2005 gab es keine Abmeldung durch den Souverän des Vatikanstaates, der der Pentlinger Joseph Ratzinger mittlerweile ist. Allerdings steht heute auf jener Karte neben dem Namen: »Seine Heiligkeit Benedikt XVI.«.

In Pentling hat Joseph Ratzinger Feuerwehrautos gesegnet, Glocken geweiht, den Kindergarten eröffnet und Messen gefeiert.

Seit dem Konklave hat Papst Benedikt »sein Häusle«, wie er es selbst genannt hat, nicht mehr besucht. Aber – wenn er nach Deutschland kommt, dann wird Joseph Ratzinger auch wieder in diesen Garten gehen, in dem er so oft die Katze Chico des Nachbarn begrüßt hat; er wird wieder durch das Tor das Haus gehen, wo er so viele heitere Stunden verlebt hat – und an dessen betonierter Außenwand heute neben dem dunkelbraunen Garagentor natürlich eine dunkelrote Platte hängt, die das Haus als Wohnhaus des Papstes ausweist.

P. Eberhard von Gemmingen

Familientreffen auf der Internationalen Gartenbau-Ausstellung (IGA) in München. Joseph Kardinal Ratzinger (M.), Domkapellmeister Georg Ratzinger (l.) und Schwester Maria Ratzinger

Feier zum 75. Geburtstag des bayerischen Kurienkardinals Joseph Ratzinger am 20. April 2002 in Rom. Hier im Gespräch mit seinem Bruder Georg

Das Familiengrab auf dem Ziegetsdorfer Friedhof im oberpfälzischen Regensburg

Besuch am Grab der Eltern mit seinem Bruder Georg während der Pastoralreise nach Bayern am 13. September 2006

Joseph Kardinal Ratzinger weiht im August 1994 in Pentling bei Regensburg zwei Glocken.

Joseph Kardinal Ratzinger erteilt einem Löschfahrzeug der Freiwilligen Feuerwehr im bayerischen Pentling den kirchlichen Segen. Er war 1980 Ehrengast beim 100-jährigen Gründungsjubiläum der Feuerwehr.

Das Haus von Papst Benedikt XVI. im oberpfälzischen Pentling im Landkreis Regensburg. Der Heilige Vater ist seit 1970 in der 5800-Seelen-Gemeinde mit seinem Erstwohnsitz gemeldet.

Papst Benedikt XVI. zusammen mit Rupert und Therese Hofbauer, Nachbarn des Papstes, die sich um sein Haus kümmern

DER ERZBISCHOF

MÜNCHEN

Erzbischof von München und Freising

Bischofsweihe am 28. Mai 1977

»So dachte ich noch an nichts Schlimmes, als Nuntius Del Mestri mich in Regensburg unter einem Vorwand besuchte, über Belangloses mit mir plauderte und mir schließlich einen Brief in die Hand drückte, den ich zu Hause lesen und bedenken solle. Er enthielt meine Ernennung zum Erzbischof von München und Freising. Dies wurde für mich ein unendlich schwieriger Entscheid. Mir war gestattet, meinen Beichtvater zu konsultieren. So eröffnete ich mich Professor Auer, der meine Grenzen – theologischer wie menschlicher Art – sehr realistisch kannte. Ich durfte erwarten, dass er mir abraten würde. Aber zu meiner großen Überraschung sagte er ohne großes Überlegen: Das musst du annehmen. So schrieb ich zögernd, nachdem ich dem Nuntius noch einmal meine Bedenken vorgetragen hatte, unter seinen Augen auf das Briefpapier des Hotels, in dem er Wohnung genommen hatte, die Erklärung meiner Zustimmung.«

Joseph Ratzinger »Aus meinem Leben«

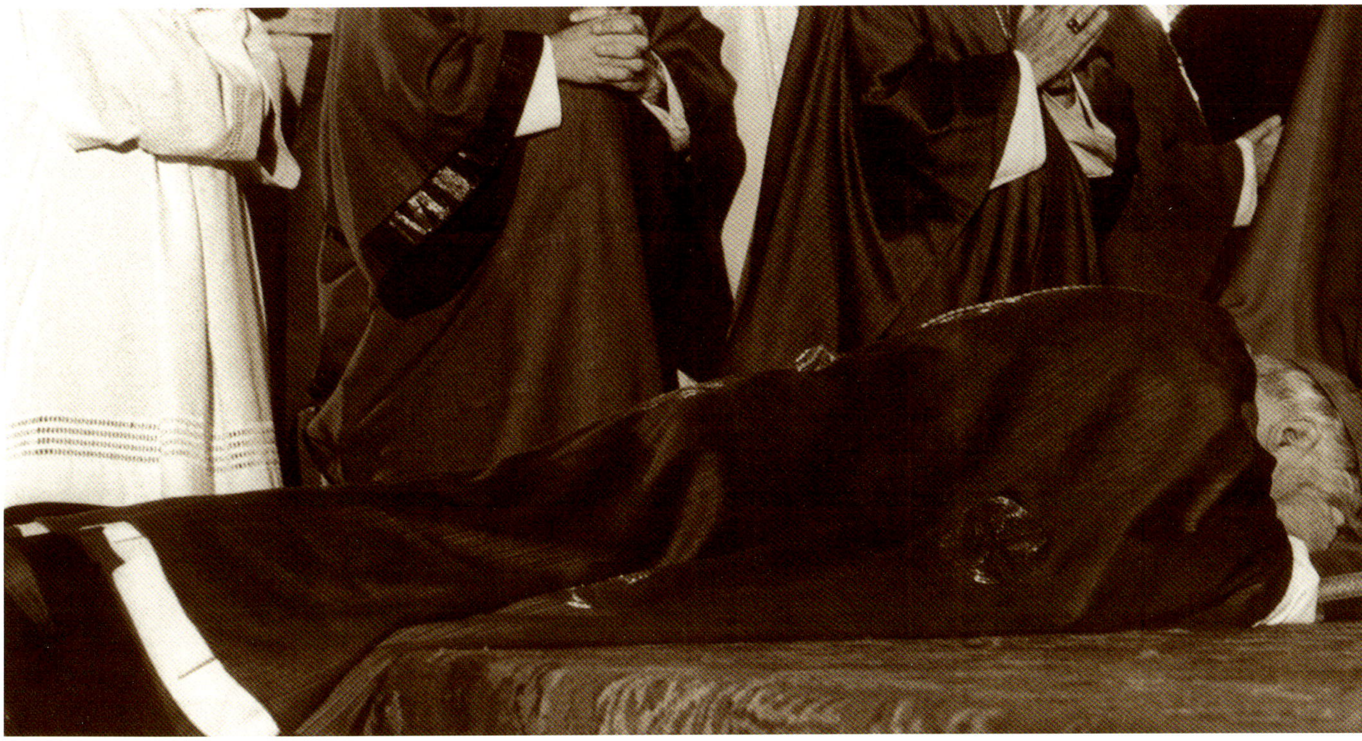

Professor Joseph Ratzinger (liegend) wird am 28. Mai 1977 im Münchner Liebfrauendom als Nachfolger des verstorbenen Kardinals Julius Döpfner zum neuen Erzbischof von München und Freising geweiht.

1977 wurden Sie von Paul VI. als »bedeutender Meister der Theologie« zum Erzbischof von München und Freising berufen, wenig später zum Kardinal ernannt. Ihr Auftrag war: »Arbeite auf dem Ackerfeld Gottes.« Was hat Sie bewegt, als Sie Bischof von München wurden?

»Ich hatte zunächst natürlich ganz große Zweifel, ob ich es annehmen solle und dürfe. Ich hatte wenig Seelsorgeerfahrung. Ich fühlte mich an sich von Anfang an zum Lehren berufen und glaubte, dass ich gerade zu diesem Zeitpunkt – ich war 50 Jahre alt – sozusagen meine eigene theologische Vision gefunden hatte und jetzt ein Œuvre schaffen könnte, mit dem ich etwas zum Ganzen der Theologie beitragen würde. Ich wusste auch, dass meine Gesundheit brüchig war und dass mit diesem Amt ein großer physischer Anspruch an mich gestellt würde. Ich habe mich dann beraten und mir sagen lassen, in einer so außergewöhnlichen Situation, wie wir sie heute erleben, muss man auch etwas annehmen, was einem nicht von Anfang an in der eigenen Lebenslinie zu liegen scheint. Das Problem der Kirche ist heute mit dem der Theologie engstens verknüpft. In dieser Situation müssen sich auch Theologen als Bischöfe zur Verfügung halten. So habe ich das angenommen, in der Absicht, wie ich es in meinem Bischofswort ausdrückte, ein ›Mitarbeiter der Wahrheit‹ zu sein. Mitarbeiter war in der Mehrzahl gemeint. Also in der Gemeinschaft mit Mitarbeitern mein Charisma, wenn ich es so nennen darf, einzubringen und mit der mir gegebenen theologischen Erfahrung und Kompetenz mitzuwirken, dass die Kirche in dieser Stunde recht gelenkt wird und das Erbe des Konzils richtig angeeignet wird.«

Joseph Ratzinger »Salz der Erde. Ein Gespräch mit Peter Seewald«

Mein Wappen

Wappen von Joseph Ratzinger als Erzbischof von München und Freising

»Ich habe mir als bischöflichen Wahlspruch das Wort aus dem dritten Johannesbrief gewählt ›Mitarbeiter der Wahrheit‹, zum einen, weil es mir die vereinigende Klammer zwischen meiner bisherigen Aufgabe und dem neuen Auftrag zu sein schien. Bei allen Unterschieden ging und geht es doch um das Gleiche: der Wahrheit nachzugehen, ihr zu Diensten zu sein. Und weil in der heutigen Welt das Thema Wahrheit fast ganz verschwunden ist, weil sie als für den Menschen zu groß erscheint und doch alles verfällt, wenn es keine Wahrheit gibt, deswegen schien mir dieser Wahlspruch auch zeitgemäß im guten Sinn zu sein. Im Wappen der Freisinger Bischöfe findet sich seit ungefähr tausend Jahren der gekrönte Mohr: Man weiß nicht recht, was er bedeutet. Für mich ist er Ausdruck der Universalität der Kirche, die keinen Unterschied der Rassen und der Klassen kennt, weil wir alle ›einer sind‹ in Christus (Gal 3,28).

Ich wählte für mich noch zwei Symbole dazu. Als erstes die Muschel, die zunächst einfach Zeichen unserer Pilgerschaft, unseres Unterwegsseins ist: ›Wir haben hier keine bleibende Stadt.‹ Aber mich erinnerte sie auch an die Legende, Augustinus, der über das Geheimnis der Trinität grübelte, habe am Strand ein Kind mit einer Muschel spielen sehen, mit der es das Wasser des Meeres in eine kleine Grube zu schöpfen versuchte. Da sei ihm gesagt worden: So wenig diese Grube die Wasser des Meeres fassen kann, so wenig kann dein Verstand das Geheimnis Gottes umgreifen. So ist die Muschel Hinweis für mich auf meinen großen Meister Augustinus, Hinweis auf meine theologische Arbeit und Hinweis auf die Größe des Geheimnisses, das weiter reicht als all unsere Wissenschaft.

Schließlich nahm ich aus der Legende des Freisinger Gründerbischofs Korbinian den Bären dazu: Ein Bär habe auf der Reise nach Rom das Pferd des Heiligen zerfleischt, so erzählt die Geschichte. Da habe Korbinian ihm seine Untat streng verwiesen und ihm zur Strafe das Bündel aufgepackt, das bis dahin das Pferd getragen hatte. Nun musste der Bär das Bündel nach Rom schleppen und wurde erst dort vom Heiligen entlassen. Mich erinnerte der mit der Last des Heiligen beladene Bär an eine Psalmenmeditation des heiligen Augustinus. In den Versen 22 und 23 des Psalmes 72 (73) hat er die Last und die Hoffnung seines Lebens ausgedrückt gefunden. Was er in diesen Versen findet und dazu kommentiert, ist wie ein Selbstporträt, im Angesicht Gottes aufgenommen und so nicht nur ein frommer Gedanke, sondern Auslegung des Lebens und Licht auf dem Weg.«

Joseph Ratzinger »Aus meinem Leben«

Am Pfingstsonntag des Jahres 1977 wurde der Theologieprofessor Joseph Ratzinger im Münchner Liebfrauendom zum Bischof von München und Freising geweiht. Der damalige Bischof von Berlin, Kardinal Alfred Bengsch, bei der Handauflegung.

Joseph Ratzinger und Papst Paul VI. in Rom.

Papst Paul VI. (l.) setzt am 27. Juni 1977 in der Audienzhalle des Vatikans dem Erzbischof von München und Freising, Joseph Ratzinger, nach dessen Ernennung zum Kardinal das rote Kardinalsbirett auf das Haupt.

Die am 27. Juni 1977 neu ernannten Kardinäle (v. l. n. r.) Joseph Ratzinger aus München, Giovanni Benelli, Bernardin Gantin (Benin), Frantisek Tomasek (Prag) und Luigi Ciappi (Italien) nach ihrer Ernennung.

Joseph Kardinal Ratzinger während der Inbesitznahme seiner Titelkirche Santa Maria Consolatrice al Tiburtino am 15. Oktober 1977 in Rom

Zwischenstation München

Ende der 70er Jahre war ich in München und arbeitete bei der von Pater Johannes Leppich gegründeten action 365. Wir waren eine ökumenisch orientierte Gruppe, der es um die innere Erneuerung der Kirche durch Laienapostolat ging. Als solche fanden wir es auch angebracht, einmal dem neu ernannten und jungen Erzbischof Joseph Ratzinger einen Besuch abzustatten und ihm von unserem Engagement zu erzählen. So saß ich dann zusammen mit etwa fünf engagierten Laien in seinem Empfangszimmer und wir berichteten ihm. Weiteres ist mir davon nicht in Erinnerung. Da ich in München auch Hausoberer der Jesuitenkommunität im Ignatiushaus war, spielte ich mit dem Gedanken, den Ortsbischof Ratzinger zu einem Besuch in der Gemeinschaft einzuladen, doch es wurde nichts draus. Vielleicht weil er nach Rom und ich nach Mainz berufen wurde. Ich war nämlich zwei Jahre lang Beauftragter der katholischen Kirche beim ZDF. Dies endete, weil zwischen dem Sender und der Deutschen Bischofskonferenz nicht genügend abgestimmt war, was der Beauftragte für Kompetenzen hat. Daher gab es zu viele Konflikte und nach zwei Jahren bat ich um Ablösung. Die Leitung der deutschsprachigen Redaktion von Radio Vatikan war zu übernehmen, ich wurde gefragt und gleich lockte mich die Weite der Weltkirche. Am 1. September 1982 kam ich in Rom an. Er war ein halbes Jahr früher hier gelandet.

P. Eberhard v. Gemmingen

Erzbischof Joseph Ratzinger erholt sich beim Klavierspielen.

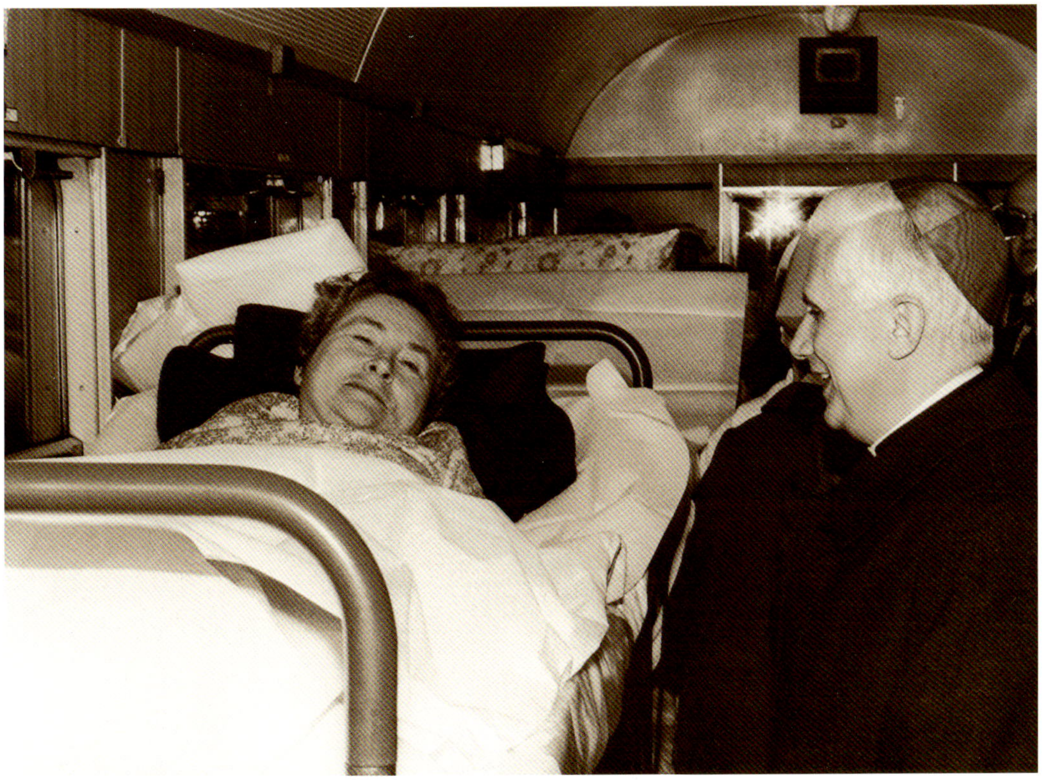

Der 14. Caritas Sonderzug mit 320 Schwerbehinderten startet am 14. April 1978 von München nach Assisi. Joseph Kardinal Ratzinger verabschiedet die Wallfahrer.

85. Deutscher Katholikentag in Freiburg/Breisgau vom 13. bis zum 17. September 1978. Joseph Kardinal Ratzinger bei einem Gottesdienst im Freiburger Münster

Mutter Teresa und Joseph Kardinal Ratzinger beim 85. Deutschen Katholikentag in Freiburg vom 13. bis zum 17. September 1978

Joseph Kardinal Ratzinger begrüßt am 18. November 1978 den Gründer der ökumenischen Gemeinschaft von Taizé, Frère Roger, in München.

Joseph Kardinal Ratzinger (l.) gratuliert dem Tübinger Theologen Karl Rahner am 5. März 1979 während einer Feier in der Akademie in München zum 75. Geburtstag.

Der russisch-orthodoxe Erzbischof von Sagorsk, Wladimir Dimitrowskij, und Joseph Kardinal Ratzinger bei einer Tagung der Evangelischen Akademie in Tutzing am 27. April 1979

Joseph Kardinal Ratzinger mit Landesbischof Johannes Hanselmann bei einem ökumenischen Gottesdienst.

Joseph Kardinal Ratzinger, Erzbischof von München, empfing am 9. Juli 1980 den Bürgermeister von Jerusalem, Teddy Kollek, in der Akademie in München.

400-Jahr-Feier der Übertragung der Reliquien des hl. Bischofs Benno von Meißen in den Münchner Liebfrauendom am 15. Juni 1980. (v. l .n. r.: Regionalbischof Ernst Tewes, Joseph Kardinal Ratzinger, Bischof Gerhard Schaffran und Oberbürgermeister Erich Keisl)

Erzbischof Joseph Ratzinger
und Joseph Kardinal Höffner (r.)
auf der Herbstvollversammlung
der Deutschen Bischofskonferenz
vom 22. bis 25. September 1980

Pontifikalrequiem mit dem
Münchner Kardinal Joseph
Ratzinger im Münchner
Liebfrauendom für die Opfer
des Bombenanschlags vom
26. September 1980

Rund 7500 Menschen, unter ihnen Joseph Kardinal Ratzinger, Erzbischof von München, der bayerische Ministerpräsident Franz Josef Strauß und Kulturminister Hans Maier, haben am 21. Dezember 1981 in München für die sofortige Aufhebung der Internierung tausender politischer Gefangener in Polen demonstriert.

Joseph Kardinal Ratzinger überreichte am 27. Juni 1982 den Romano-Guardini-Preis der Katholischen Akademie in Bayern. Erstmals wurde der Preis einer Frau, der Karmelitin Gemma Hinricher, verliehen.

Papst Benedikt XVI. während des Empfanges und Gebetes an der Mariensäule in München am 9. September 2006

»Es sind Bindungen, die in ihrer jahrhundertelangen Geschichte stets lebendig erhalten wurden durch die Treue zu den Werten des christlichen Glaubens, derer sich gerade die bayerischen Lande besonders rühmen dürfen. Zeugnisse dafür sind berühmte Baudenkmäler, majestätische Kathedralen, Skulpturen und Gemälde von hohem künstlerischen Wert, literarische Werke, kulturelle Initiativen und vor allem viele Schicksale Einzelner und von Gemeinschaften, in denen sich die tiefen christlichen Überzeugungen der Generationen widerspiegeln, die in diesem mir so lieben Land aufeinander gefolgt sind. Die Beziehungen Bayerns zum Heiligen Stuhl waren, abgesehen von einigen Momenten der Spannung, stets geprägt von respektvoller Herzlichkeit. In den entscheidenden Stunden seiner Geschichte hat das bayerische Volk immer seine tiefe Ergebenheit gegenüber dem Stuhl Petri und seine Treue zum katholischen Glauben bestätigt.«

Ansprache bei der Ankunft am Flughafen in München am 9. September 2006

Papst Benedikt XVI. grüßt am 10. September 2006 die Pilger vom Balkon des Erzbischöflichen Palais in München. V. l.: Kardinalstaatssekretär Angelo Sodano, Papst Benedikt XVI. und Friedrich Kardinal Wetter

Benedikt XVI. betet in der Gruft des Münchner Liebfrauendoms vor den Gräbern der verstorbenen Erzbischöfe von München und Freising

Joseph Ratzinger, Erzbischof von München und Freising, während einer Prozession zur Mariensäule nach seiner Einführung in das Amt als neuer Erzbischof von München im Mai 1977

Papst Benedikt XVI. betet am 9. September 2006 an der Mariensäule in der Münchener Innenstadt.

Wiedersehen als Papst

»Es ist für mich tief bewegend, wieder auf diesem wunderschönen Platz zu Füßen der Mariensäule zu stehen, an einem Ort – es ist schon gesagt worden –, der für mich zweimal Zeuge entscheidender Wendepunkte in meinem Leben war. Hier haben mich – es wurde erzählt – vor dreißig Jahren die Gläubigen mit großer Herzlichkeit aufgenommen, und ich habe der Muttergottes den Weg anvertraut, den ich nun zu gehen hatte, denn der Sprung vom Professorenstuhl auf den Dienst des Erzbischofs von München und Freising war gewaltig, und nur unter einem solchen Schutz und mit der spürbaren Liebe der Münchner und der Bayern konnte ich es wagen, diesen Dienst in der Nachfolge von Kardinal Döpfner zu übernehmen. Dann war es eben wieder so 1982: Hier habe ich Abschied genommen, und damals war der Erzbischof der Glaubenskongregation, der spätere Kardinal Hamer, dabei und sagte: Die Münchner sind wie Neapolitaner, sie wollen den Erzbischof anrühren und haben ihn gern. Es hat ihn förmlich verwundert, so viel Herzlichkeit hier in München zu sehen, das bayerische Herz an diesem Ort kennenlernen zu dürfen, an dem ich mich noch einmal der Muttergottes anvertraut habe.«

Grußwort von Benedikt XVI. an der Mariensäule in München am 9. September 2006

Joseph Kardinal Ratzinger, Präfekt der Glaubenskongregation und Vorgänger im Amt als Erzbischof von München, überreicht den Bischofsstab seinem Nachfolger im Amt am 12. Dezember 1982. (links: Kardinal Höffner)

OBERSTER GLAUBENSHÜTER

ROM

Willkommen in Rom

Innenhof der Glaubenskongregation in Rom.

Als ich nun einmal an den römischen Kolonnaden am Petersplatz entlangging, begegnete ich dem Kardinal von der Glaubenskongregation. »So, Sie auch in Rom?«, fragte er mich, und ich erklärte ihm, dass ich kurz nach ihm auch nach Rom versetzt worden bin. Wir sind uns nicht sehr oft auf der Straße begegnet, denn mein Weg zur Arbeit führte, im Gegensatz zum Weg vieler anderer, nicht über den Petersplatz, wo man den schwarzen Kardinal mit Aktentasche regelmäßig von der Wohnung zur Arbeit und von der Arbeit zur Wohnung gehen sah.

Es war dann wohl an meinem zweiten Weihnachten in Rom, dass mich kurz vor dem Fest ein Anruf von seiner Schwester oder sonst einer hilfreichen Person erreichte, ob ich denn nicht am Weihnachtsfeiertag nachmittags zum Tee zum Herrn Kardinal kommen wolle. Natürlich wollte ich, machte vorher auch noch um 16.00 Uhr die Nachrichtensendung des Feiertags und kam daher etwas zu spät. Ich hatte nicht gedacht, dass die Einladung so präzise gemeint war. So war meine Entschuldigung fällig. Wie gerne hätte ich damals kritische theologische Fragen diskutiert, denn immerhin war »Ratzinger« damals im deutschen Sprachraum sehr umstritten. Die Verurteilung vieler Thesen der Befreiungstheologie stand im Raum, auch Fragen der Moraltheologie, der Dogmatik. Ich wusste, dass viele Mitbrüder sich die Finger abgeschleckt hätten, wenn sie mal kräftig mit dem Glaubenshüter hätten diskutieren können. Aber es war nun mal Weihnachten. Und ich fühlte mich auch für eine wirkliche Diskussion nicht so recht kompetent. Der Kardinal hätte wohl leicht sagen können: Ja, Pater Gemmingen, haben Sie denn nicht diesen oder jenen Artikel gelesen?

Joseph Kardinal Ratzinger auf dem Petersplatz in Rom am 21. Oktober 2003.

Außenansicht des Gebäudes der Glaubenskongregation in Rom

So wollte ich mir keine Blamage einhandeln und ihm Weihnachten nicht verkorksen. Daher blieben wir beim weihnachtlichen Smalltalk. Er hatte sich wohl damals auch an meinen Besuch in Tübingen und meine Tante erinnert. Immerhin gab es etwas über vergangene Erlebnisse zu plaudern. Nach dem Weihnachtstee gab es dann auch noch ein Abendessen – zusammen mit seiner Schwester und einem anderen Pater, dessen Namen ich mich nicht entsinne.

Joseph Kardinal Ratzinger mit der berühmten Aktentasche in Rom

Wir sind uns dann wohl selten, aber doch regelmäßig an drei verschiedenen Orten begegnet: in seinem Empfangszimmer, wo ich ihn dann und wann interviewte, in der Deutschen Botschaft bei einem Empfang und im Radio, wohin er selten kam, um eine Betrachtung oder einen Vortrag aufzusprechen. Bei diesen Besuchen in den Hörfunkstudios erinnere ich mich sehr gut, dass er immer vor und nach der Aufzeichnung den Technikern die Hand gab. Er war zugänglich. Und wenn man ihn etwas gefragt hätte, hätte er geduldig geantwortet. Beim Aufsprechen von Texten hat er sich nie und nimmer versprochen. Er war ganz bei der Sache.

Wenn wir uns in der Deutschen Botschaft getroffen haben, dann gab es meist nur kurze Plaudereien, denn viele Leute haben sich auf den wichtigen Kardinal »gestürzt«.

Ein Abendessen im Garten der Botschaft ist mir besonders in Erinnerung, denn es hing die Diskussion um den Ausstieg aus der staatlichen Schwangerschaftsberatung in der Luft. Zwei hoch engagierte bekannte Katholiken, die in dem staatlichen Beratungssystem bleiben wollen, hatte die Botschaft zu seiner Rechten und seiner Linken gesetzt: Ministerpräsident Erwin Teufel und die Kultusministerin Anette Schavan. Ich weiß nicht, was da gesprochen wurde, aber ich hatte den Eindruck, der Kardinal sollte ein wenig in die Zange genommen werden.

An dieser Stelle ein Wort zu dem Titel »Panzerkardinal«: Wer den eher zart gebauten Wissenschaftler Joseph Ratzinger auch nur ein wenig kennt, wird sofort denken: von Panzer kann nicht gut die Rede sein. Er ist eher ein Lamm – freilich ein Lamm mit einem scharfen Verstand, ein Lamm das lieber lächelt als schimpft. Aber wenn es sein muss, kann er schon auch eine deutliche Sprache gebrauchen.

Der dritte Ort, an dem wir uns dann und wann sahen, war sein Empfangszimmer. In der Mitte ein

ziemlich großer alter Tisch, rundherum alte Stühle mit rotem Stoffbezug und goldenen Lehnen.
Als wir einmal mit einem Interview fertig waren, sagte er mir: »Pater Gemmingen, Sie haben eine neue Brille!« Er hatte gut hingeschaut und eine Kleinigkeit gesehen, die zu meiner Verwunderung Kollegen im Büro gar nicht bemerkt hatten. Er war erstaunlich aufmerksam – gerade auch für Kleinigkeiten, was man ihm nicht zugetraut hätte.

Eberhard v. Gemmingen

Joseph Kardinal Ratzinger beim Palmsonntagsgottesdienst in Rom im April 1984

Kardinal Joseph Ratzinger, Präfekt der Kongregation für die Glaubensfragen, in seinem Arbeitszimmer

Joseph Kardinal Höffner und Joseph Kardinal Ratzinger (r.) auf dem Campo Santo im Vatikan

Joseph Kardinal Ratzinger während des II. Internationalen Jugendtreffens in Rom am 30. März 1985

Joseph Kardinal Ratzinger zelebriert am 10. Juli 1987 während des Katholikentreffens in Dresden mit allen Bischöfen der damaligen DDR ein Pontifikalamt.

Joseph Kardinal Ratzinger
beim Katholikentreffen
1987 in Dresden

Joseph Kardinal Ratzinger (r.)
im Gespräch mit einem
Gläubigen

Bischof Karl Lehmann (l.) und Joseph Kardinal Ratzinger (r.), beim Katholikentreffen 1987 in Dresden.

Joseph Kardinal Ratzinger gibt einer Frau ein Autogramm beim Katholikentreffen im Juli 1987 in Dresden.

Der Katechismus der katholischen Kirche – ein Jahrhundertwerk

Müssen Sie alles persönlich prüfen, machen Sie da alles selbst? Entstammt zum Beispiel der Katechismus Ihrer Feder?
»Nein, das hätte ich absolut nicht gekonnt. Ich muss versuchen, die Arbeit kollegial zu koordinieren und so zu lenken, dass etwas dabei herauskommt. Beim Katechismus hatten wir ein vielfältiges Instrumentarium. Wir hatten als eigentliches Arbeitsorgan eine Kommission von 15 Bischöfen aus den verschiedenen Kontinenten. Dieses Organ hat sich dann wieder eine Gruppe von acht Bischöfen geschaffen, die die eigentlichen Verfasser gewesen sind. Hier war wiederum ein Redakteur damit beauftragt, das Ganze zu koordinieren. Insofern kann man schon sagen, dass wir gemeinsam Autoren sind. Im Übrigen hatten wir die ganze Zeit über einen ›input‹, wie man heute sagt, der sehr breit gewesen ist. Wir haben ja alle Bischöfe und alle Bischofskonferenzen persönlich angeschrieben und haben immerhin von gut eintausend Bischöfen Antwort bekommen.«

Gab es denn da auch einen »input« aus dem Kirchenvolk selbst?
»Wir setzen voraus, dass ein Bischof nicht seine Privatmeinung, sondern den Glauben der Kirche und damit auch den Glauben seiner Ortskirche und ihrer Weise des Glaubens einbringt. Wir können nicht eine Milliarde Katholiken befragen. Der Bischof ist ja gerade auch ein Repräsentant, einer, der für ein Ganzes steht, insofern ist sicher, dass durch die über tausend Bischöfe das Wort der Gläubigen zu uns hereingedrungen ist.«

Gibt es im Katechismus auch Aussagen oder Formulierungen, die Sie persönlich als nicht so gekonnt empfinden?
Ja, es ist nicht alles gleich geglückt, das ist klar.«

Könnten Sie da eine Stelle nennen?
»Nein, das kann ich jetzt nicht sagen, da müssten wir an den Text herangehen. Aber ich glaube, der Katechismus ist im Ganzen ein sehr gründliches und gutes Werk, auch ein sehr lesbares, wie uns immer wieder bestätigt wird. Viele Leute – nicht Theologen, sondern einfache Leute – sagen uns, dass sie ihn wirklich lesen und verstehen können. Die Aufnahme in Deutschland ist aus vielen Gründen nach wie vor mehr als reserviert. Aber in Amerika zum Beispiel, das ja auch ein kritisches Land ist, sind zwei Millionen Stück verkauft worden. In Asien fängt es gerade erst an, aber in Südamerika, auch in Spanien, auch in Frankreich war die Aufnahme sehr gut, auch in Großbritannien. Allein durch den Reichtum an Vätertexten haben Sie im Katechismus einen Zitatenschatz, der kostbar ist. Natürlich ist es ein Menschenbuch, das kann man immer besser machen, aber es ist ein gutes Buch.«

Und was finden Sie nun besonders geglückt an dem Werk?
»Ich glaube, dass zunächst die Einleitung, in der es um Glauben geht, sehr gut geworden ist. Auch große Teile des Kirchentraktes und des Sakramententraktes sind sehr gut geworden, auch die ganze Theologie der Liturgie – da haben wirklich sehr gute Liturgiker mitgearbeitet – ist sehr schön und lebendig. Und auch der Teil über das Gebet hat seinen ganz eigenen Stil. Er ist, glaube ich, geglückt.«

Wie lange hat es gedauert, das Werk, wie es jetzt vorliegt, zu erarbeiten?
»Es waren ziemlich genau fünf Jahre. Die Synode hatte 1985 diesen Wunsch geäußert. Der Papst hat dann 1986 die Kommission eingesetzt. Wir konnten etwa im Herbst 1986 mit der Arbeit beginnen. Wir konnten dann nach sechs Jahren, 1992, den Katechismus vorstellen.«

Joseph Ratzinger »Salz der Erde. Ein Gespräch mit Peter Seewald«

Joseph Kardinal Ratzinger leitete seit 1986 die Kommission von zwölf Kardinälen, die den Katechismus vorbereiteten. Dieser wurde am 11. Oktober 1992, dem 30. Jahrestag der Eröffnung des II. Vatikanischen Konzils, von Papst Johannes Paul II. veröffentlicht.

Die Leichtigkeit des Seins

1989 wurde Ihnen in München der Karl Valentin-Orden überreicht. Welche Rolle spielen eigentlich Humor und die Leichtigkeit des Seins im Leben eines Papstes?

»(lacht) Ich bin nicht ein Mensch, dem dauernd viele Witze einfallen. Aber sozusagen das Lustige im Leben zu sehen, und die fröhliche Seite daran und alles nicht ganz so tragisch zu nehmen, das ist mir schon sehr wichtig, und ich würde sagen: für mein Amt auch notwendig.

Irgendein Schriftsteller hatte gesagt, die Engel können fliegen, weil sie sich leicht nehmen. Und wir könnten auch ein bisschen mehr fliegen, sozusagen, wenn wir uns nicht ganz so schwergewichtig nehmen würden.«

Interview in Castelgandolfo, 5. August 2006

Kurienkardinal Joseph Ratzinger wird am 4. Januar 1998 in der Katholischen Akademie in München von der Münchner Faschingsgesellschaft Narrhalla mit dem Karl Valentin-Orden ausgezeichnet für seinen »hintergründigen Humor« in seinen Werken und Predigten. Links steht die Münchner Faschingsprinzessin Susanne II.

Joseph Kardinal Ratzinger (l.), Präfekt der Glaubenskongregation, und Bischof Johannes Dyba begrüßen einen Rollstuhlfahrer bei der Festveranstaltung aus Anlass der 1250-Jahr-Feier der Stadt Fulda im Juni 1994.

Auszeichnung des Regensburger Domkapellmeisters Georg Ratzinger zum 65. Geburtstag 1989 mit dem Großen Bundesverdienstkreuz. Links: Joseph Kardinal Ratzinger, der Bruder des Domkapellmeisters

Joseph Kardinal Ratzinger während der Messfeier bei der Bonifatiuswallfahrt aus Anlass der 1250-Jahr-Feier in Fulda im Juni 1994

Joseph Kardinal Ratzinger präsentiert am 5. November.1996 bei einer Pressekonferenz in München sein neues Buch »Salz der Erde«. In dem Buch nimmt der Theologe in einem Gespräch mit dem Publizisten Peter Seewald Stellung zu den drängensten Problemen der Kirche und der Gläubigen in der heutigen Gesellschaft.

Salz der Erde

Der Kardinal hatte wie gewöhnlich am Samstag noch in seinem Offizium zu arbeiten. Wir wollten anschließend hinausfahren in die Gegend von Frascati, in ein ehemaliges Jesuitenkolleg, die Villa Cavaletti. An der Straße wartete der Chauffeur in seinem Mercedes, den die Kongregation für die Glaubenslehre sich vor einigen Jahren gebraucht in Deutschland gekauft hatte. Ich stand da mit einem riesigen Koffer, als müsste ich eine Weltreise machen. Schließlich ging die Türe auf, und ein bescheidener, sehr weißhaariger und leicht zerbrechlich wirkender Mann trat in kleinen Schritten heraus – in schwarzem Anzug mit Priesterkragen und mit einem winzig kleinen, einfachen Koffer. (...)

Der Kardinal hat mich nie nach einer Vergangenheit oder einem Status gefragt. er wollte weder irgendwelche Fragen vorab sehen, noch hatte er verlangt, dass etwas weggenommen oder hinzugefügt wird. Die Atmosphäre der Begegnung war intensiv und ernst, aber manchmal saß der »Kirchenfürst« so leger auf seinem Stuhl, einen Fuß über die Lehne, dass man denken konnte, man habe es mit einem Studenten zu tun. Einmal unterbrach er, um sich für eine Meditation zurückzuziehen oder vielleicht auch, um den Heiligen Geist um die richtigen Worte zu bitten. Ich weiß es nicht. (...)

Einmal fragte ich ihn, wie viele Wege zu Gott es denn insgesamt gäbe.

Ich wusste wirklich nicht, was er antworten würde. er hätte sagen können: einen einzigen; oder: mehrere. Der Kardinal brauchte nicht lange für seine Antwort: »So viele«, sagte er, »wie es Menschen gibt.«

Aus Vorwort zu Joseph Ratzinger »Salz der Erde. Ein Gespräch mit Peter Seewald«

Bei der traditionellen ökumenischen Sankt-Ansgar-Vesper in der evangelischen St.-Petri-Kirche in Hamburg hat Ratzinger am 3. Februar 1998 dazu aufgerufen, nicht nur auf das Trennende der Konfessionen zu schauen. (links: die Hamburger Bischöfin Maria Jepsen

Sankt-Ansgar-Vesper in der evangelischen St.-Petri-Kirche in Hamburg.
(v. l. n. r.: Bischöfin Maria Jepsen, Bischof Ludwig Averkamp, Joseph Kardinal Ratzinger und Weihbischof Werner Jaschke)

Der Präfekt der römischen Glaubenskongregation, Joseph Kardinal Ratzinger (r.) bei seiner Ankunft im Kloster Andechs am 23. März 1998, wo er die deutsche Ausgabe seiner Lebenserinnerungen vorgestellte.

Joseph Kardinal Ratzinger präsentiert seine Autobiografie in der er sein Leben bis zur Bischofsernennung beschreibt.

Auf Kloster Andechs am 23. März 1998 (Joseph Kardinal Ratzinger (M.), sein Bruder Georg (l.), und der Abt des Klosters, Odilo Lechner)

Tagung mit Streitgespräch zwischen dem Präfekten der Glaubenskongregation, Joseph Kardinal Ratzinger (l.), und dem Münsteraner Theologen Johann Baptist Metz (r.) am 27. Oktober 1998 in Ahaus. Anlass war der 70. Geburtstag Metz'.

Joseph Kardinal Ratzinger (r.) und der Münsteraner Theologe Johann Baptist Metz (2. v. r.) mit ihren Gästen Christina und Johannes Rau.

Die perfekte Predigt

Es kam das Jubeljahr 2000: Die Familie Habsburg machte ihren Rombesuch. An der Spitze das Familienoberhaupt Otto von Habsburg, den ich wiederholt interviewt und um Wochenkommentare gebeten hatte. Er wollte mich während des Romaufenthaltes sprechen, ließ aber anrufen, ob ich nicht in den Vatikan kommen könne, damit er nicht den Weg zum Radio machen müsse. Er war immerhin schon über 90 Jahre alt. So konnte ich denn auch an der Messe teilnehmen, die Kardinal Ratzinger für das Haus Habsburg in der Capella Paolina feierte. Zwar kannte ich ja unseren Kardinal schon, aber wie er in diesem winzigen Kreis eine perfekte Predigt »hinlegte«, das ließ mich doch staunen. Es ging im Evangelium um den Gelähmten, den seine Freunde durchs Dach vor Jesus niederließen. Der Kranke war für Ratzinger Europa, die Freunde waren die Habsburgs, die den Heiler fanden. Aber so simpel wie ich es jetzt wiedergebe, war es natürlich nicht. Es war eine perfekte Predigt in einem winzigen Kreis. Zum Staunen.

P. Eberhard v. Gemmingen

Otto von Habsburg

William J. Levada (l.) und Kardinal Joseph Ratzinger während einer Pressekonferenz am 12. Februar 1999 in Menlo Park, Kalifornien. Erzbischof William J. Levada aus San Francisco wurde am 13. Mai 2005 von Papst Benedikt XVI. zum Präfekten der Römischen Glaubenskongregation ernannt.

Der Präfekt der Römischen Glaubenskongregation, Joseph Kardinal Ratzinger, hat am 8. Juli 2001 mit einem Pontifikalamt im Münchner Liebfrauendom sein Goldenes Priesterjubiläum gefeiert. Joseph Kardinal Ratzinger segnet ein Kind.

Joseph Kardinal Ratzinger mit Kardinal Lehmann bei einer Veranstaltung am 20. Juni 2003 in der deutschen Vatikan-Botschaft in Rom.

Joseph Kardinal Ratzinger unterschreibt für deutsche Pilger Autogrammkarten am 17. Oktober 2003 in Rom.

Feier zum 75. Geburtstag des deutschen Kurienkardinals Joseph Ratzinger am 20. April 2002 in Rom. Dankgottesdienst in Santa Maria in Trastevere.

Dankgottesdienst aus Anlass des 75. Geburtstages von Joseph Kardinal Ratzinger am 20. April 2002 in Rom in Santa Maria in Trastevere.

Feier zum 75. Geburtstag des deutschen Kurienkardinals Joseph Ratzinger am 20. April 2002 in Rom. Joseph Kardinal Ratzinger begrüßt 350 Gebirgsschützen aus Bayern. Joseph Kardinal Ratzinger im Gespräch mit dem Kommandanten der Schützen und beim Abschreiten der Ehrenformation.

Bei der Feier zum 75. Geburtstag des deutschen Kurienkardinals Joseph Ratzinger am 20. April 2002 in Rom. Joseph Kardinal Ratzinger mit seinem Bruder Georg im Gespräch

Dankgottesdienst in Santa Maria in Trastevere mit Joseph Kardinal Ratzinger am 20. April 2002

Mit einem feierlichen Gottesdienst im Trierer Dom und einem Festvortrag des Präfekten der Römischen Glaubenskongregation, Kardinal Joseph Ratzinger, ist am 4. Dezember 2003 in Trier das 40. Jubiläum der Liturgiekonstitution begangen worden. Die im Dezember 1963 von dem Konzil verabschiedete und nach ihren Anfangsworten »Sacrosanctum Concilium« (Das Heilige Konzil) benannte Konstitution leitete eine allgemeine Erneuerung der Liturgie der katholischen Kirche ein.

Joseph Kardinal Ratzinger legt Josef Clemens während der Bischofsweihe am 6. Januar 2004 in Rom im Petersdom die Hände auf.

Der neue deutsche Kurienbischof Josef Clemens hat am 6. Januar 2004 in Rom im Petersdom von Joseph Kardinal Ratzinger die Bischofsweihe empfangen. Clemens war Ende November von Papst Johannes Paul II. zum neuen Sekretär im Laienrat ernannt worden. Er ist der vierte Deutsche im Bischofsrang, der an der vatikanischen Kurie eine leitende Funktion wahrnimmt. Clemens war der frühere Privatsekretär von Kardinal Ratzinger.

Mit einem feierlichen Gottesdienst hat der Präfekt der Glaubenskongregation, Joseph Kardinal Ratzinger, am 16. März 2003 die Titelkirche Sankt Aurea in Ostia bei Rom symbolisch in Besitz genommen. Das alte Bistum Ostia westlich von Rom ist traditioneller Titular-Bischofssitz des Dekans des Kardinalskollegiums. Ratzinger war im November vom Kreis der sechs Kardinalbischöfe zum Dekan gewählt und vom Papst in diesem Ehrenamt bestätigt worden.

Kurienkardinal Joseph Ratzinger und der renommierte Philosoph Jürgen Habermas trafen am 19. Januar 2004 zu einer Diskussionsrunde in der Katholischen Akademie Bayern in München zusammen. (Fotoaufnahme der Katholischen Akademie in Bayern)

Die beiden deutschen Kurienkardinäle Joseph Ratzinger (l.) und Walter Kasper am 27. Februar 2004.

Mit Lob haben die beiden deutschen Kurienkardinäle Joseph Ratzinger (M.) und Walter Kasper (r.) den »Familien-Katechismus« des Hildesheimer Geistlichen Winfried Henze bedacht. Henze überreichte den Kardinälen am 27. Februar 2004 im Palast der Römischen Glaubenskongregation je ein Exemplar seines Buches, das unter dem Titel »Glauben ist schön« in Form von Briefen die grundlegenden Wahrheiten des katholischen Glaubens erklärt.

MIT DEM JAHRHUNDERTPAPST

JOHANNES PAUL II.

Ich bin dem Papst nahe

Heiliger Vater, wie hat diese Freundschaft begonnen und wie haben Eure Heiligkeit Kardinal Karol Wojtyla kennengelernt?

Ich habe ihn persönlich nur in den beiden Vorkonklaven und Konklaven von 1978 kennengelernt. Ich hatte natürlich von Kardinal Wojtyla gehört, am Anfang vor allem im Kontext der Korrespondenz zwischen den polnischen und deutschen Bischöfen von 1965. Die deutschen Kardinäle haben mir erzählt, wie groß der Verdienst und der Beitrag des Erzbischofs von Krakau waren und dass er eigentlich die Seele dieser wirklich historischen Korrespondenz war. Von universitären Freunden hatte ich von seiner Philosophie gehört und von seiner Größe als Denker. Aber wie ich schon sagte, geschah ein persönliches Treffen das erste Mal beim Konklave von 1978. Von Anfang an habe ich eine große Sympathie gefühlt, und – Gott sei Dank! – hat mir der damalige Kardinal von Anfang an unverdienterweise seine Freundschaft geschenkt. Ich bin dankbar für dieses Vertrauen, das er mir ohne mein Verdienst geschenkt hat. Vor allem, wenn ich ihn beten sah, habe ich gesehen und nicht nur verstanden, habe ich also gesehen, dass er ein Mann Gottes war. Das war der grundlegende Eindruck: ein Mann, der mit Gott lebt, mehr noch, der in Gott lebt. Mich hat dann auch die vorurteilslose Herzlichkeit beeindruckt, mit der er mir begegnet ist. In diesen Treffen des Vorkonklaves der Kardinäle hat er mehrmals das Wort ergriffen, und da hatte ich auch die Möglichkeit, die Gestalt des Denkers zu hören. Ohne große Worte ist so eine große Freundschaft geboren, und gleich nach seiner Wahl hat mich der Papst mehrere Male zu Gesprächen nach Rom gerufen, und zum Schluss hat er mich zum Präfekten der Glaubenskongregation ernannt.

Papst Johannes Paul II. begrüßt am 5. November 1979 Joseph Kardinal Ratzinger zu einer außerordentlichen Kardinalsversammlung mit 120 Kardinälen. Hauptthemen sind die Freiheit innerhalb der Kirche, die Solidarität der Katholiken mit den verfolgten Glaubensbrüdern und die echte Bekehrung des einzelnen Christen.

Also war diese Ernennung und Berufung nach Rom keine Überraschung?

Für mich war es etwas schwierig, weil es von Anfang meines Episkopats in München mit der feierlichen Bischofsweihe in der Münchner Kathedrale an für mich eine Pflicht gab, fast eine Ehe mit dieser Diözese. Man hatte nämlich auch unterstrichen, dass ich nach Jahrzehnten der erste aus der Diözese stammende Bischof war. Ich fühlte mich daher sehr dieser Diözese verpflichtet und an sie gebunden. Es

Beginn des Konklaves am 14. Oktober 1978 in der Sixtinischen Kapelle im Vatikan zur Wahl des Nachfolgers von Papst Johannes Paul I.(v. r.: Kardinal Ekandem, Kardinal Tomasek, Kardinal Ratzinger und Kardinal Benelli)

Papst Johannes Paul II. besuchte vom 15. bis 19. November 1980 Deutschland. Bei der Fahrt durch München: Papst Johannes Paul II. (l.) und Joseph Ratzinger, Erzbischof in München

gab außerdem schwierige Probleme, die noch nicht gelöst waren, und ich wollte die Diözese mit diesen ungelösten Problemen nicht verlassen. Über all das habe ich mit dem Heiligen Vater gesprochen, in der großen Offenheit und jenem Vertrauen, das der Heilige Vater hatte, der sehr väterlich mir gegenüber war. Er hat mir schließlich eine Bedenkzeit gegeben, er selbst wollte auch nachdenken. Am Ende hat er mich überzeugt, denn das war der Wille Gottes. Ich konnte so diesen Ruf annehmen, und auch diese große, nicht einfache Verantwortung, die für sich gesehen meine Fähigkeiten überstieg. Aber im Vertrauen auf das väterliche Wohlwollen des Papstes und mit der Führung des Heiligen Geistes konnte ich ja sagen.

Diese Erfahrung dauerte mehr als 20 Jahre …

Ja, ich bin im Februar 1982 gekommen, und es hat bis zum Tod des Papstes im Jahr 2005 gedauert.

Was sind Ihrer Meinung nach, Heiliger Vater, die bedeutendsten Punkte des Pontifikats von Johannes Paul II.?

Wir können, würde ich sagen, zwei Sichtweisen haben: eine ad extra zur Welt und eine ad intra zur Kirche. Was die Welt angeht, scheint mir, dass der Heilige Vater mit seinen Reden, seiner Person, seiner Anwesenheit, seiner Fähigkeit zu überzeugen, eine neue Sensibilität für moralische Werte geschaffen hat, für die Bedeutung der Religion in der Welt. Das hat es ermöglicht, dass eine neue Offenheit, eine neue Sensibilität für die Probleme der Religion, für die Notwendigkeit der religiösen Dimension im Menschen, entstanden ist; und vor allem ist auf unvorstellbare Weise die Bedeutung des Bischofs von Rom gewachsen. Alle Christen haben anerkannt trotz der Unterschiede und trotz ihrer Nicht-Anerkennung des Nachfolgers Petri, dass er der Sprecher der Christenheit ist. Aber auch für die Nichtchristenheit und die anderen Religionen war er der Sprecher der großen Werte der Menschheit. Man muss auch erwähnen, dass er es geschafft hat, ein Klima des Dialogs unter den großen Religionen zu schaffen und einen Sinn einer gemeinsamen Verantwortung, die wir alle für die Welt haben, aber auch dass Gewalt und Religion unvereinbar sind und dass wir gemeinsam den Weg des Friedens suchen müssen, in einer gemeinsamen Verantwortung für die Menschheit. Schauen wir nun auf die Situation der Kirche. Ich würde sagen, dass er – vor allem – die Jugendlichen für Christus hat begeistern können. Das ist etwas Neues, wenn wir an die Jugend der 68er und die der 70er Jahre denken. Dass sich die Jugend für Christus und die Kirche begeistert und auch für die schwierigen Werte, konnte nur eine Persönlichkeit mit diesem Charisma erreichen; nur er konnte so die Jugend der Welt für die Sache Gottes und die Liebe Christi mobilisieren. In der Kirche hat er, denke ich, eine neue Liebe zur Eucharistie geschaffen. Wir sind noch im Jahr der Eucharistie, das er mit so viel Liebe gewollt hat; er hat einen neuen Sinn für die Größe der Barmherzigkeit Gottes geschaffen; und er hat auch die Liebe zur Mutter Gottes sehr vertieft und uns so zu einer Verinnerlichung des Glaubens und gleichzeitig einer größeren Wirksamkeit geführt. Natürlich muss man, wie wir alle wissen, erwähnen, wie wichtig sein Beitrag für die großen Umwälzungen in der Welt 1989 gewesen ist, für den Niedergang des sogenannten realen Sozialismus.

Was hat Eure Heiligkeit im Laufe Ihrer persönlichen Treffen und Gespräche mit Johannes Paul II. am meisten beeindruckt? Könnten Sie uns von Ihren letzten Begegnungen mit Johannes Paul II., vielleicht in diesem Jahr, erzählen?

Ja. Die letzten beiden Begegnungen hatte ich: zum Ersten um den 5./6. Februar in der Gemelli-Klinik; und dann am Tag vor seinem Tod in seinem Zimmer. Beim ersten Treffen litt der Papst sichtbar, aber er war ganz klar und gegenwärtig. Ich war nur einfach zu einem Arbeitstreffen gekommen, denn ich

Papst Johannes Paul II. küsst während des Karfreitagsgottesdienstes im Petersdom am 9. April 2004 das von Joseph Kadinal Ratzinger getragene Kreuz.

brauchte einige seiner Entscheidungen. Der Heilige Vater folgte, obwohl er sehr litt, mit großer Aufmerksamkeit dem, was ich sagte. Er teilte mir in wenigen Worten seine Entscheidung mit, er gab mir seinen Segen, er grüßte mich auf Deutsch und gewährte mir damit sein ganzes Vertrauen und seine Freundschaft. Für mich war es sehr bewegend zu sehen, wie sein Leiden auf der einen Seite in Einheit mit dem leidenden Herrn war, wie er sein Leiden mit dem Herrn und für den Herrn trug; auf der anderen Seite aber zu sehen, wie er eine innere Fröhlichkeit und vollkommene Klarheit ausstrahlte. Die zweite Begegnung war am Tag vor seinem Tod: Er litt offensichtlich noch mehr, umgeben von Ärzten und Freunden. Er war noch sehr klar, er gab mir seinen Segen. Er konnte nicht mehr viel sprechen. Für mich war seine Geduld im Leiden eine große Lehre, vor allem sehen und hören zu können, wie er in den Händen Gottes war und wie er sich dem Willen Gottes überließ. Trotz der sichtbaren Schmerzen war er frohen Sinnes, denn er war in den Händen der göttlichen Liebe.

Sie, Heiliger Vater, stellen in Ihren Ansprachen oft die Gestalt Johannes Pauls II. heraus, und Sie sagen von Johannes Paul II., dass er ein großer Papst war, ein betrauerter und verehrter Vorgänger. Wir denken immer an die Worte Ihrer Heiligkeit, die Sie in der Messe am vergangenen 20. April sprachen, Worte, die direkt Johannes Paul II. gewidmet waren. Sie

Joseph Kardinal Ratzinger beim Verlassen der Gemelli-Klinik am 1. März 2005, wo er Papst Johannes Paul II. besucht hat

Papst Johannes Paul II. ist am Abend des 2. April 2005 im Vatikan gestorben. Die Beisetzungsfeierlichkeiten fanden am 8. April 2005 auf dem Petersplatz in Rom statt. Vier Millionen Pilger und rund 200 Staatsgäste haben teilgenommen. Der einfache Sarg aus Zypressenholz steht auf dem Petersplatz vor dem Altar.

waren es, Heiliger Vater, der gesagt hat – ich zitiere–: »Es scheint, dass er mich stark an der Hand hält, ich sehe seine lachenden Augen und höre seine Stimme, die sich in diesem Moment besonders an mich richtet: ›Hab keine Angst!‹« Heiliger Vater, zum Schluss eine sehr persönliche Frage: Spüren Sie immer noch die Anwesenheit Johannes Pauls II. Und wenn ja, wie?

Sicherlich. Ich beginne, indem ich auf den ersten Teil Ihrer Frage antworte. Ich hatte anfangs, indem ich vom Erbe des Papstes sprach, vergessen, von den vielen Dokumenten zu sprechen, die er uns hinterlassen hat: 14 Enzykliken, viele Pastorale Schreiben und viele andere; und all das stellt ein sehr reiches Erbe dar, das in der Kirche noch nicht ausreichend umgesetzt ist. Ich sehe eine meiner existentiellen und persönlichen Sendungen darin, nicht viele neue Dokumente zu veröffentlichen, sondern darauf hinzuwirken, dass diese Dokumente umgesetzt werden, denn sie sind ein sehr reicher Schatz, die sind die authentische Interpretation des II. Vaticanums. Wir

wissen, dass der Papst der Mann des Konzils war, der den Geist und den Buchstaben des Konzils innerlich aufgenommen hatte und uns mit diesen Texten verstehen lässt, was das Konzil wirklich wollte und was es nicht wollte. Er hilft uns, wirklich Kirche unserer Zeit und der Zukunft zu sein. Jetzt komme ich zum zweiten Teil Ihrer Frage. Der Papst war mir durch seine Texte immer sehr nahe: Ich sehe ihn und höre ihn sprechen, und ich kann mit dem Heiligen Vater in einem andauernden Dialog stehen, denn durch diese Worte spricht er immer mit mir, ich kenne auch den Ursprung vieler Texte, ich erinnere mich an die Gespräche, die wir über den einen oder den anderen Text hatten. Ich kann den Dialog mit dem Heiligen Vater fortführen. Natürlich ist diese Nähe durch die Worte nicht nur eine Nähe rein mit den Texten, sondern auch mit der Person, hinter den Texten spüre ich den Papst selbst. Ein Mensch, der zum Herrn geht, geht nicht weg: Ich spüre immer mehr, dass er beim Herrn auch mir nahe ist; insofern ich dem Herrn nahe bin, bin ich dem Papst nahe, und er hilft mir jetzt, dem Herrn nahe zu sein. Ich versuche, in seine Atmosphäre des Gebets einzutreten, seiner Liebe zum Vater, seine Liebe zur Mutter Gottes, und ich vertraue mich seinen Gebeten an. Das ist so ein andauernder Dialog und auch ein Nahe-Sein, wenn auch auf eine neue, so doch auf eine sehr tiefe Weise.

Interview im polnischen Fernsehen, 16. Oktober 2005

Papst Benedikt XVI. betet am 2. Mai 2005 am Grab seines Vorgängers, Papst Johannes Paul II., in den Vatikanischen Grotten.

Die Kardinäle verlassen nach der Sitzung am 15. April 2005 die Audienzhalle im Vatikan. Am 18. April 2005 beginnt das Konklave. Joseph Kardinal Ratzinger, daneben sein alter und neuer Sekretär, Msgr. Georg Gänswein.

Eröffnungsgottesdienst für das Konklave am 18. April 2005 im Petersdom in Rom mit Joseph Kardinal Ratzinger

Eröffnungsgottesdienst für das Konklave am 18. April 2005 im Petersdom

PAPST BENEDIKT XVI.

DAS PONTIFIKAT

»Herr, tu mir dies nicht an.«

Als langsam der Gang der Abstimmungen mich erkennen ließ, dass sozusagen das Fallbeil auf mich herabfallen würde, war mir ganz schwindelig zumute. Ich hatte geglaubt, mein Lebenswerk getan zu haben und nun auf einen ruhigen Ausklang meiner Tage hoffen zu dürfen. Ich habe mit tiefer Überzeugung zum Herrn gesagt: ›Tu mir dies nicht an! Du hast Jüngere und Bessere, die mit ganz anderem Elan und mit ganz anderer Kraft an diese große Aufgabe herantreten können. Da hat mich ein kleiner Brief sehr berührt, den mir ein Mitbruder aus dem Kardinalskollegium geschrieben hat. Er erinnerte mich daran, dass ich die Predigt beim Gottesdienst für Johannes Paul II. vom Evangelium her unter das Wort gestellt hatte, das der Herr am See von Gennesaret zu Petrus gesagt hat: Folge mir nach! Ich hatte dargestellt, wie Karol Wojtla immer wieder vom Herrn diesen Anruf erhielt und immer neu viel aufgeben und einfach sagen musste: Ja, ich folge dir, auch wenn du mich führst, wohin ich nicht wollte. Der Mitbruder schrieb mir: Wenn der Herr nun zu Dir sagen sollte ›Folge mir‹, dann erinnere Dich, was Du gepredigt hast. Verweigere Dich nicht! Sei gehorsam, wie Du es vom großen heimgegangenen Papst gesagt hast. Das fiel mir ins Herz. Bequem sind die Wege des Herrn nicht, aber wir sind ja auch nicht für die

Joseph Kardinal Ratzinger wurde am 19. April 2005 im Konklave zum neuen Papst gewählt. Papst Benedikt XVI. zeigt sich nach seiner Wahl auf der Loggia des Petersdomes.

Der neue Papst verließ am 20. April 2005 erstmals den Vatikan, um in seine alte Wohnung zu gehen. Zuvor hatte er die päpstliche Wohnung im Apostolischen Palast in Besitz genommen.

Amtseinführung von Papst Benedikt XVI. während eines Gottesdienstes am 24. April 2005 auf dem Petersplatz in Rom. Der Einzug der Kardinäle in den Petersdom

Amtseinführung von Papst Benedikt XVI. während eines Gottesdienstes am 24. April 2005 auf dem Petersplatz in Rom.

Bequemlichkeit, sondern für das Große, für das Gute geschaffen.

So blieb mir am Ende nichts, als Ja zu sagen. Ich vertraue auf den Herrn, und ich vertraue auf euch, liebe Freunde. Ein Christ ist nie allein, habe ich gestern in der Predigt gesagt. Damit habe ich die wunderbare Erfahrung ausgedrückt, die wir alle in diesen außergewöhnlichen vier Wochen machen durften, die hinter uns liegen. Beim Tod des Papstes ist in aller Trauer die lebendige Kirche erschienen. Und es ist sichtbar geworden, dass die Kirche eine Kraft der Einheit, ein Zeichen für die Menschheit ist. Wenn die großen Nachrichten-Stationen 24 Stunden auf 24 Stunden über den Heimgang des Papstes, über die Trauer der Menschen, über das Wirken des großen Heimgegangenen berichteten, antworteten sie auf eine Teilnahme, die jede Erwartung überstieg. Im Papst war ihnen ein Vater sichtbar geworden, der Vertrauen und Zuversicht schenkte, der alle irgendwie untereinander verband. Es wurde sichtbar, dass die Kirche nicht in sich verschlossen und nur für sich selber da ist, sondern dass sie ein Lichtpunkt für die Menschen ist. Es wurde sichtbar: Die Kirche ist gar nicht alt und unbeweglich. Nein, sie ist jung. Und wenn wir auf diese Jugend schauen, die sich um den verstorbenen Papst und letztlich um Christus scharte, für den er eingestanden war, dann wurde etwas nicht minder Tröstliches sichtbar: Es ist gar nicht wahr, dass die Jugend vor allem an Konsum und an Genuss denkt. Es ist nicht wahr, dass sie materialistisch und egoistisch ist. Das Gegenteil ist wahr: Die Jugend will das Große. Sie will, dass dem Unrecht Einhalt geboten ist. Sie will, dass die Ungleichheit überwunden und allen ihr Anteil an den Gütern der Welt wird. Sie will, dass die Unterdrückten ihre Freiheit erhalten. Sie will das Große. Sie will das Gute. Und deswegen ist die Jugend – seid Ihr – auch wieder ganz offen für Christus. Christus hat uns nicht das bequeme Leben versprochen. Wer Bequemlichkeit will, der ist bei ihm allerdings an der falschen Adresse. Aber er zeigt uns den Weg zum Großen, zum Guten, zum richtigen Menschenleben. Wenn er vom Kreuz spricht, das wir auf uns nehmen sollen, ist es nicht Lust an der Quälerei oder kleinlicher Moralismus. Es ist der Impuls der Liebe, die aufbricht aus sich selbst heraus, die nicht umschaut nach sich selber, sondern den Menschen öffnet für den Dienst an der Wahrheit, an der Gerechtigkeit, am Guten. Christus zeigt uns Gott und damit die wahre Größe des Menschen.

Mit dankbarer Freude sehe ich die Delegationen und Pilger aus meiner bayerischen Heimat. Schon bei anderen Gelegenheiten durfte ich euch sagen, wie viel mir eure treue Verbundenheit bedeutet, die seit jenen

Papst Benedikt XVI. bekommt den Fischerring bei der feierlichen Amtseinführung am 24. April 2005 auf dem Petersplatz.

Tagen anhält, in denen ich meine geliebte Erzdiözese München und Freising in Richtung Vatikan verlassen habe, um dem Ruf meines verehrten Vorgängers Papst Johannes Paul II. Folge zu leisten, der mich vor mehr als 23 Jahren zum Präfekten der Kongregation für die Glaubenslehre bestellt hatte. In all den Jahren, die seither vergangen sind, war mir stets bewusst, dass Bayern und Rom nicht nur in geographischer Hinsicht nicht weit auseinanderliegen: Bayern und Rom, das waren von jeher zwei Pole, die in fruchtbarer Beziehung zueinander standen. Von Rom kam das Evangelium mit Kaufleuten, Beamten und Soldaten bis an die Donau und an den Lech. Ich überspringe jetzt viele Dinge. Im 16. und im 17. Jahrhundert gab dann Bayern eines der schönsten Zeugnisse der Treue zur katholischen Kirche. Dies belegt der sehr fruchtbare Austausch von Kultur und Frömmigkeit zwischen dem barocken Bayern und dem Sitz des Nachfolgers Petri. In der Neuzeit war es Bayern, das der Gesamtkirche einen so liebenswerten Heiligen wie den Kapuzinerpförtner Bruder Konrad von Parzham geschenkt hat.«

Ansprache an die deutschen Pilger, 25. August 2005

Alle Elemente des Bischofswappens, das Joseph Ratzinger schon als Erzbischof von München und Freising und dann als Präfekt der Römischen Glaubenskongregation führte, sind auch in das päpstliche Wappen eingegangen.

Der »Freisinger Mohr« war von 1316 bis zur Säkularisierung festes Element im Wappen des alten Fürstbistums Freising. Auch danach haben alle Erzbischöfe von München und Freising ihr Bischofswappen mit dem »Caput Aethiopum«, dem Haupt eines Äthiopiers, verbunden.

Der Bär mit einem Packsattel, der sogenannte »Korbiniansbär«, erinnert an den Diözesanpatron von München und Freising, Bischof Korbinian, der im 8. Jahrhundert in Altbayern den christlichen Glauben verkündete. Auf einer Reise nach Rom soll ein Bär ihm das Pferd gerissen haben. Der Heilige habe dann dem Bär befohlen, ihm die Lasten nach Rom zu tragen. Der Korbiniansbär symbolisiert zugleich als »Lastträger Gottes« auch die Bürde des Amtes.

Die Muschel bezieht sich auf eine Legende um den heiligen Bischof und Kirchenlehrer Augustinus (354 bis 430) und ist das Symbol für das Eintauchen in das unergründliche Meer der Gottheit.

Pfingstgottesdienst im Petersdom am 15. Mai 2005 mit Papst Benedikt XVI.

Während des Pfingstgottesdienstes am 15. Mai 2005 im vollbesetzten Petersdom weiht Benedikt XVI. 21 Diakone zu Priestern.

Fronleichnamsgottesdienst in der Lateranbasilika in Rom mit anschließender Prozession am 26. Mai 2005 mit Papst Benedikt XVI.

Papst Benedikt XVI. betet in der Lourdes-Grotte in den Vatikanischen Gärten am 31. Mai 2005.

Ein Monat danach

Papst Benedikt XVI. hat die Welt überrascht mit seiner Art des Auftretens. Diejenigen, die ihn ein wenig kannten, wussten, dass er eher scheu ist und den großen Auftritt nicht so sehr liebt. Ein Bad in der Menge hätten ihm viele nicht zugetraut. Sein Lächeln seit dem ersten Auftritt auf der Loggia des Petersdoms hat aber gerade diejenigen überrascht, die ihn eher als ernsten Wissenschaftler kannten. Papst Benedikt steht ja auch im Schatten des Mannes, der die Herzen von Millionen im Sturm erobert hatte und der ein ausgesprochenes Fingerspitzengefühl für den öffentlichen Auftritt hatte. Viele Beobachter haben sich gefragt: Kann es der neue Papst wenigstens halb so gut wie der alte? Er kann es – und nicht nur halb so gut.

Und die Inhalte? Durch seine ersten Ansprachen hat der neue Papst gezeigt, dass er hauptsächlich von der Bibel und den Kirchenvätern ausgeht. Die Dogmatik wird nicht verleugnet, aber mit Dogmatik predigt man nicht. Wer ein messerscharfes Regierungsprogramm erwartet hatte, wurde enttäuscht. Sein Regierungsprogramm, das sind – seine Predigten.

Eberhard v. Gemmingen

Benedikt XVI. hat am 30. September 2005 das römische Kinderkrankenhaus »Bambino Gesu« besucht. »Für die Kinder darf an nichts gespart werden«, forderte er in einer Ansprache vor Klinikleitung, Ärzten und Politikern. Bei einem Rundgang durch die vatikaneigene Klinik sprach der Papst mit Patienten und Eltern, segnete junge Patienten und ließ sich von Ärzten und Krankenschwestern über ihre Arbeit informieren.

Papst Benedikt XVI. beim Wortgottesdienst während der Heiligen Messe am Fest der hl. Peter und Paul am 29. Juni 2005 im Petersdom in Rom.

Papst Benedikt XVI. bei der Kommunionausteilung während der Heiligen Messe am Fest der hll. Peter und Paul am 29. Juni 2005 im Petersdom in Rom.

Papst Benedikt XVI. unterhält sich mit Kindern im Dorf während einer Wanderung am 27. Juli 2005 in der Nähe von Les Combes.

Benedikt XVI. nach der Ankunft in seinem Urlaubsort Les Combes am 11. Juli 2005

Papst Benedikt XVI. während des Angelusgebetes am 24. Juli 2005 in Les Combes.

Papst Benedikt XVI. spricht mit einem Kind während eines Spazierganges am 16. Juli 2005 in der Nähe von Les Combes.

Die Sensation – Das erste Interview des Papstes

Und nun war der fromme, gescheite, bescheidene Kardinal plötzlich Papst. Ich habe ihn natürlich scharf aus der Ferne beobachtet. Es kamen die ersten Sommerferien, die Vorbereitung auf den Weltjugendtag in Köln. Junge Mitarbeiter hatten dem Papst einen Brief geschrieben und gefragt, ob er ihnen nicht ein typisches Jugendinterview geben könne, sie wollten die Fragen der Jugend zur Sprache bringen. Sie wurden enttäuscht. Der Programmdirektor von Radio Vatikan aber rief mich in meinen Ferien in Tirol an, und sagte, ich solle in wenigen Tagen den Papst in Castel Gandolfo interviewen. Das erste Papstinterview in der Geschichte! Er entschied sich für die deutsche Sprache und seinen eigenen Sender. Eine weise Entscheidung. Dass ich da grad betroffen war, machte die Sache noch weiser. So probierte ich denn mein kleines Aufnahmegerät aus, kam jedoch zu der Ansicht, es könne sicher und intelligenter sein, einen Techniker mitzunehmen. Ich bestellte bei der technischen Direktion eine technische Begleitung. Aber siehe da: auch einer der Direktoren wollte dabei sein und natürlich nicht im Omnibus oder Privatwagen, sondern mit einem Vatikanchauffeur. Wir waren zu viert fast zwei Stunden vor dem Interviewtermin in dem Bergstädtchen 25 km vor Rom. Sommer, Sonnenschein, Aufregung! Ob der Papst auch aufgeregt war? Sein erstes Papstinterview!

Wir wurden von Lakaien durch etliche Säle geführt, bis wir dort ankommen, wo dann das Drama stattfinden sollte. Ich wurde »verkabelt«. Es hieß, im Zimmer des Interviews sollten nur der Papst und ich sein, die

Rheinfahrt von Papst Benedikt XVI. auf dem Schiff »RheinEnergie« am 18. August 2005. Der Heilige Vater grüßt die Jugendlichen am Ufer. Im Hintergrund der Kölner Dom.

Tonkabel führten ins Nebenzimmer. Der Papst kam durch die gegenüberliegende Tür, lächelte, begrüßte mich, die Techniker »verkabelten« auch ihn. Er ließ es sich mit päpstlicher Geduld gefallen. Wir setzten uns, er fragt: »Also, was wollen Sie wissen? Haben Sie Fragen?« Ich las sie ihm flüchtig vor. Er: »Fangen wir an.« Er beantwortete in gewohnter Perfektion alles. Am Ende noch die private Frage: Haben Sie schon Ferien gemacht? Und ein liebes »Adieu« – und Schluss war's schon wieder.
Alle Welt sagte mir: Du hast das erste Papstinterview der Geschichte gemacht! Mir war es gar nicht soooo aufregend.

P. Eberhard v. Gemmingen

»Heiliger Vater, Sie haben am 25. April gesagt: Ich freue mich auf Köln. Können Sie das ein bisschen konkretisieren?«
»Ja – in vieler Hinsicht, erstens habe ich im Rheinland schöne Jahre verbracht, so dass ich mich einfach freue, wieder einmal den Charakter des Rheinlands zu atmen, diese weltoffene Stadt und all das, was damit verbunden ist. Dann überhaupt, dass die Vorsehung es gewollt hat, dass meine erste Auslandsreise nach Deutschland geht. Ich hätte nicht gewagt, das einzurichten. Aber wenn einem der liebe Gott das sozusagen antut, darf man sich darüber freuen. Und auch, dass diese erste Auslandsreise eine Begegnung mit jungen Menschen aus aller Welt ist – der Jugend zu begegnen, ist immer etwas Schönes, weil sie voller Probleme – vielleicht –, aber auch voller Hoffnung, voller Schwung und Erwartungen ist, weil in ihr die Dynamik der Zukunft steckt, und weil die Begegnung mit ihr auch einen selber dann wieder schwungvoller, freudiger und offener macht. Das sind so eine Reihe von Motiven, die diese Freude bei mir inzwischen verstärkt und nicht etwa gemindert hat.

Bei der Rheinfahrt am 18. August 2005 spricht Papst Benedikt XVI. mit Jugendlichen aus verschiedenen Nationen.

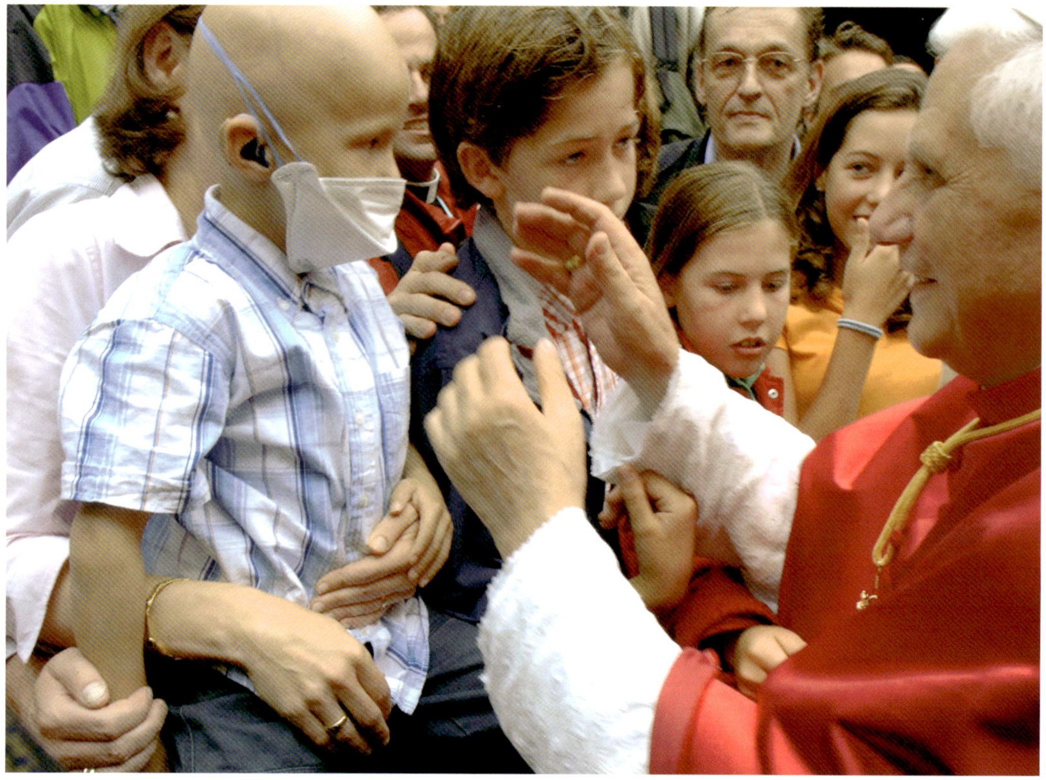

Besuch von Papst Benedikt XVI. in der Sankt Pantaleon Kirche am 19. August 2005 im Rahmen des Weltjugendtages. Der Heilige Vater segnet vor der Kirche ein krebskrankes Kind.

Papst Benedikt XVI. am 18. August 2005 mit Jugendlichen aus aller Welt auf dem Weg zum Kölner Dom.

Besuch von Papst Benedikt XVI. in der Kölner Synagoge am 19. August 2005

Papst Benedikt XVI. und Chaim Adler

Ankunft von Papst Benedikt XVI. auf dem Marienfeld mit anschließender Vigil am 20. August 2005. Blick auf den Papsthügel

Vigil mit Papst Benedikt XVI. auf dem Marienfeld am 20. August 2005

Papst Benedikt XVI. inzensiert das Weltjugendtagskreuz.

Abschlussgottesdienst auf dem Marienfeld mit Predigt und Angelusgebet von Papst Benedikt XVI. am 21. August 2005

Papst Benedikt XVI. während der wöchentlichen Generalaudienz am 30. November 2005 auf dem Petersplatz in Rom.

Papst Benedikt XVI. während des Festgottesdienstes zum 40. Jahrestag des Zweiten Vatikanischen Konzils am 8. Dezember 2005 im Petersdom

Heilige Messe zu Epiphanie am 6. Januar 2006
mit Papst Benedikt XVI. im Petersdom

Weihnachtsmette am
24. Dezember 2005 mit
Papst Benedikt XVI. im
Petersdom in Rom

Die erste Enzyklika

Es kam die Enzyklika »Deus caritas est« heraus. Schön und gut. Aber, dass ich nach ein paar Wochen aus einem Umschlag ein Exemplar der Enzyklika ziehe und auf diesem Exemplar steht von Papstens Hand klein und ganz typisch geschrieben »Für P. Gemmingen – Pp. Benedictus.« – das war dann doch eine große Freude. Er denkt bei solch einer Gelegenheit an mich. Wie vielen Menschen hat er wohl die Enzyklika persönlich gewidmet? Meine Interpretation lautet: Er findet es ganz gut, dass ich da »unten« im Vatikan still oder laut vor mich hin arbeite. Und damit muss ich eben auch sagen: So viele in Deutschland auch meinen, dass ich öfter mal mit dem Heiligen Vater plaudere ... nein, es ist nicht so. Er ist zu hoch droben und zu gut beschäftigt, und ich bin zu tief unten – und auch gut beschäftigt. Es reicht, wenn ich von der Dachterrasse des Hauses, in dem ich lebe, zu ihm in den Apostolischen Palast hinüberschaue und sehe: im Arbeitszimmer brennt noch Licht oder das Licht ist eben schon aus – oder noch nicht an. Wie alle Römer, so kann auch ich auf diese Weise ein wenig seinen Tageslauf kontrollieren.

P. Eberhard v. Gemmingen

Papst Benedikt XVI. segnet am 6. Januar 2006 ein Baby.

Papst Benedikt XVI. betrachtet am 29. Januar 2006 eine Friedenstaube, die Kinder während des Angelusgebets freigelassen haben.

Papst Benedikt XVI. unterschreibt am 25. Januar 2006 in seinem Amtszimmer die Enzyklika. Neben ihm Erzbischof Leonardo Sandri.

Papst Benedikt XVI. erhält am 1. März 2006 während eines Gottesdienstes in der Santa Sabina Basilika in Rom das Aschekreuz von Kardinal Josef Tonko (l.).

Palmsonntagsgottesdienst mit Papst Benedikt XVI. am 9. April 2006 auf dem Petersplatz in Rom.

Gottesdienst mit Papst Benedikt XVI. am Gründonnerstag, 13. April 2006, in der Lateranbasilika in Rom. Der Heilige Vater während der Fußwaschung, bei der er 12 Priestern die Füße wusch.

Karfreitagsgottesdienst im Petersdom am 14. April 2006 mit Papst Benedikt XVI.

Kreuzweg mit Papst Benedikt XVI. im Kolosseum am Karfreitag, 14. April 2006, in Rom

Vigil mit Papst Benedikt XVI. am Ostersamstag, 15. April 2006, im Petersdom in Rom

Papst Benedikt XVI. erteilt am 16. April 2006 von der Loggia des Petersdomes den Segen »Urbi et Orbi«.

Marienandacht mit Papst Benedikt XVI. in den Vatikanischen Gärten am 31. Mai 2006 in der Lourdes-Grotte

Treffen von Papst Benedikt XVI. mit Jugendlichen am 27. Mai 2006 im Blonie-Park in Krakau

Papst Benedikt XVI. betet am 27. Mai 2006 vor der Madonna von Kalwaria in Kalwaria Zebrzydowska.

Papst Benedikt XVI. besuchte am 28. Mai 2006 das Konzentrationslager Auschwitz.

Papst Benedikt XVI.
während seines Urlaubes
in Les Combes im Aostatal
am 17. Juli 2006

Papst Benedikt XVI. spielt
Klavier während seines
Urlaubes in Les Combes im
Aostatal am 17. Juli 2006

Papst Benedikt XVI. hat am 1. September 2006 dem legendären »Antlitz Jesu« von Manoppello einen Besuch abgestattet. Bei seinem als privat bezeichneten zweistündigen Aufenthalt in dem mittelitalienischen Bergdorf wurde der Papst von mehreren Tausend Menschen begeistert empfangen. Ohne auf die Frage der Echtheit des Christusbildes einzugehen, rief Benedikt XVI. in seiner Ansprache dazu auf, das Angesicht Christi zu suchen.Das seit Jahrhunderten in Manoppello aufbewahrte »Volto Santo« (Heiliges Antlitz) zeigt auf einem 17 mal 24 Zentimeter großen seidenähnlichen Gewebe die Züge eines Männergesichts. Nach Auffassung einiger Forscher könnte es sich um das in der Bibel erwähnte Schweißtuch handeln, das nach der Grablegung Jesu auf dessen Gesicht gelegt wurde.
Bild: Der Papst betet vor dem »Volto Santo« in der Kapuzinerkirche.

Das Fernsehinterview vor der Bayernreise

Es ist in der Geschichte der katholischen Kirche und der modernen Massenkommunikation etwas völlig Neues, dass ein Papst Interviews gibt. Alle, die behaupten, sie hätten mit Papst Johannes Paul II. Interviews geführt, übertreiben ein wenig, denn der große »Medienpapst« hat höchstens ein oder zwei Fragen beantwortet, nie aber Radio oder Fernsehen ein mehr als zwei Minuten dauerndes Interview gegeben. Das große Mediengenie aus Polen stellte sich zwar im Flugzeug bei Auslandsreisen den Fragen mitfliegender Journalisten und beantwortete geduldig und manchmal spitz unzählige Fragen – und dies in bis zu acht verschiedenen Sprachen.

Ganz anders der bedächtige, präzise und druckreif sprechende Papst aus Deutschland. Sein erstes Interview gab er – wie es sich gehört – seinem eigenen Sender, Radio Vatikan. Es war vor dem Weltjugendtag 2005 in Köln und zwar in deutscher Sprache. Da waren weder Fernsehkameras noch Fotografen dabei. Ein zweites ausführliches Interview gab Papst Benedikt dem polnischen Fernsehen vor seiner Reise ins östliche Nachbarland. Es wurde in italienischer Sprache von der Kirchenredaktion des polnischen Fernsehens durchgeführt.

In Erinnerung an mein Gespräch mit dem Papst vor Köln schickte ich ihm dann die Anfrage, ob er mir nicht vor Bayern nochmals Rede und Antwort stehen könnte. Gleichzeitig haben dann wohl ARD, ZDF, Deutsche Welle – ebenso wie vermutlich viele private TV-Stationen – bei ihm um Interviews angefragt.

Papst Benedikt XVI. beim Fernsehinterview vor der Reise nach Bayern in Castelgandolfo. Die Teilnehmer v. r. n. l.: Gerhard Fuchs vom Bayerischen Rundfunk, P. Eberhard v. Gemmingen von Radio Vatikan, Christoph Lanz von der Deutschen Welle und Thomas Bellut vom ZDF.

Papst Benedikt im anschließenden persönlichen Gespräch mit P. Eberhard v. Gemmingen. Im Hintergrund Thomas Bellut (l.) und Christoph Lanz (r.).

Aus dem Vatikan kam nach einer Weile die Antwort: Am 5. August soll je ein Vertreter von Radio Vatikan und der öffentlich-rechtlichen Anstalten in Castelgandolfo sein. Während dort der Bayerische Rundfunk die enormen technischen Vorbereitungen traf, besprachen Vertreter der drei Anstalten mit mir in Rom die Fragen an Papst Benedikt. Die zwölf Themen wurden dem Papst zugeleitet und erhielten sein Plazet. Am Morgen des verabredeten Samstags trafen sich die Gesprächspartner in der päpstlichen Sommerresidenz zwei Stunden vor dem Interview, um letzte Fragen abzuklären und sich auf den großen Augenblick einzustimmen. Dann ging's in die Sala degli Svizzeri. Warten auf Seine Heiligkeit. Wir saßen brav auf unseren Polstersesseln, Papst Benedikt kam wie immer eher schüchtern herein, setzte sich, scherzte, er komme sich ein wenig wie in einer Prüfung vor Professoren vor. Dann ging's auf Kommando los. Ich fand den Rahmen eher ein wenig steif, eine Vorabplauderei zwischen dem Papst und den Beteiligten hätte wohl aufgelockert. Doch der Papst antwortete wie gestochen auf alle Fragen. Anschließend kam das Shakehands und alle Anwesenden vom Intendanten bis zum letzten Kabelträger erhielten vom Papst einen Rosenkranz. Allzu schnell war alles, worauf man sich Wochen und Monate vorbereitet hatte, wieder vorbei. Und dann haben bei ARD und ZDF immerhin rund 6 Millionen Personen zugeschaut. Registriert wurde wohl vor allem, dass der Papst wie gedruckt antwortet, sehr konzentriert spricht, dabei aber sehr bescheiden und zurückhaltend ist. Den »Großinquisitor« hat es nie gegeben, immer nur den gescheiten, glaubenden Joseph Ratzinger, der jetzt dem Petrus vom See Gennesaret. nachgefolgt ist.

P. Eberhard v. Gemmingen

Papst Benedikt XVI. am 9. September 2006 an der Mariensäule in München

Wenn man ein solches Amt hat wie Sie, Heiliger Vater, wird man natürlich viel von außen beobachtet. Dritte sprechen über Sie. Und mir ist aufgefallen bei der Lektüre, dass viele Beobachter sagen, der Papst Benedikt ist im Vergleich zu Kardinal Ratzinger eine andere Persönlichkeit. Wie ist denn Ihre eigene Sicht auf Sie, wenn ich mir diese Frage erlauben darf?

»Ich bin ja schon mehrmals zerteilt worden in den frühen Professor und den mittleren Professor – in den frühen Kardinal und in den späten. Jetzt kommt noch eine Teilung dazu. Natürlich prägen die Umstände und die Situation und auch die Menschen, weil man hier verschiedene Verantwortungen hat. Aber sagen wir: Mein Grundnaturell und auch meine Grundvision ist gewachsen, aber in allen wesentlichen Dingen doch identisch geblieben. Ich freue mich, wenn jetzt auch Seiten wahrgenommen werden, die vorher nicht so wahrgenommen worden sind.«

Und darf man so sagen, Sie genießen Ihr Amt, es ist keine Last?

»Das wäre ein bisschen zuviel, weil es doch mühsam ist. Aber ich versuche jedenfalls, die Freude daran zu finden.«

Interview in Castelgandolfo, 5. August 2006

Besuch des Heiligen Vaters am 11. September 2006 in Altötting. Papst Benedikt XVI. feierte einen Gottesdienst auf dem Kapellplatz. Rechts der Zeremonienmeister des Papstes, Erzbischof Piero Marini

Besuch des Heiligen Vaters am 12. September 2006 in Regensburg. Heilige Messe auf dem Islinger Feld. Papst Benedikt XVI. begrüßt Kinder.

Entdeckt Gott!

Besuch des Heiligen Vaters am 12. September 2006 in Regensburg. Heilige Messe auf dem Islinger Feld. Papst Benedikt XVI. winkt den Gottesdienstteilnehmern vom Altarhügel zu.

Welche Botschaft wollte Papst Benedikt seiner bayrischen Heimat und ganz Deutschland bringen? Welche Botschaft ist angekommen?

Benedikt wollte uns Deutschen und insbesondere den Bayern sagen: Entdeckt bitte neu und möglichst persönlich Gott und Jesus Christus. Das ist wichtig für euer Leben, das macht euer Leben reich und schön.

Der Wunsch, Gott neu zu entdecken und ernst zu nehmen, zog sich wie ein roter Faden durch die Stationen München, Altötting, Regensburg und Freising. Freilich wurde diese Grundbotschaft dann je nach Ort und Publikum durchbuchstabiert. Der Heilige Vater geht wohl davon aus, dass viele zwar getaufte Katholiken und wohl auch Papstfans sind, aber im Grunde genommen, nicht viel »Rechenschaft geben können von ihrem Glauben« – wie die Bibel sagt.

Am wichtigsten für unsere ganze Welt scheint mir seine Ansprache an die Professoren in Regensburg. In ihr erklärte er, warum ein »heiliger Krieg« kein Krieg Gottes sein kann, denn Gott schießt nicht, sondern argumentiert, denn Gott ist Logos, also Vernunft. Wenn also der viel geforderte interreligiöse Dialog stattfinden soll, dann müssen die Christen nicht nur den Glauben ernst nehmen, sondern auch die Vernunft. Und nur wenn »der Westen« seine christlichen Wurzeln ernst nimmt, ist er in der Lage, sich geistig mit den Muslimen auseinanderzusetzen. Die pure Aufklärung ist ohne Christentum keine Basis.

Doch der Papst reiste nicht nur als Professor, sondern vor allem als Seelsorger. In München lobte er die Spendenfreudigkeit der Deutschen, bedauerte aber, dass sie von Gott weniger Ahnung haben (wollen) als andere Kulturkontinente. In Altötting zeigte er, dass die Gottesmutter nicht nur Zuckerguss auf dem Evangelium ist, sondern Grundsubstanz. In Regensburg machte er deutlich, dass das Credo auch heute jedem Menschen seinen Lebenssinn zeigen kann.

Bei der ganzen Reise wurde aber auch sicht- und hörbar, dass wir in unserem Land verglichen mit anderen eine sehr hohe religiöse Kultur haben: Was da zu hören war an Chormusik, was da zu sehen war an Kirchenbauten, Bildern und Kruzifixen! Wir »sind nicht nur Papst« – Fußballkönner, Exportweltmeister, wir sollten auch stolz sein auf unsere vom Christentum geprägte Kultur. Und wir sollten wissen: Wenn Europa Jesus Christus vergisst, dann verliert es sich selbst.

P. Eberhard v. Gemmingen

Der ökumenische Patriarch Bartholomaios I. (r.) und Papst Benedikt XVI. beim Friedensgruß während des Gottesdienstes anlässlich des Andreasfestes in der griechisch-orthodoxen Patriarchats-Basilika Sankt Georg am 30. November 2006 in Istanbul

Papst Benedikt XVI. lässt eine Taube fliegen bei seiner Ankunft in der Heilig-Geist-Kathedrale in Istanbul am 1. Dezember 2006.

Glaube zwischen Vernunft und Gefühl

Vortrag von Joseph Kardinal Ratzinger, Präfekt der Kongregation für die Glaubenslehre, Rom, am 3. Februar 1998 in Hamburg

Die Krise des Glaubens in der Gegenwart

In seinen Gesprächen »im Umkreis der Atomphysik« berichtet Werner Heisenberg von einem im Jahr 1927 zu Brüssel stattgefundenen Dialog mit einigen jüngeren Physikern, an dem außer Heisenberg selbst auch Wolfgang Pauli und Paul Dirac teilnahmen. Man kam darauf zu sprechen, dass Einstein häufig von Gott rede und dass Max Planck die Ansicht vertrete, es gebe keinen Widerspruch zwischen Naturwissenschaft und Religion; beide seien – was damals ein eher überraschender Gedanke war – sehr wohl miteinander vereinbar. Heisenberg interpretierte diese neue Offenheit des Naturwissenschaftlers auf Religion von den Erfahrungen des eigenen Elternhauses her.

Ihr liege die Auffassung zugrunde, dass es sich in Naturwissenschaft und Religion um zwei völlig verschiedene, nicht miteinander konkurrierende Sphären handle: In der Naturwissenschaft gehe es um richtig oder falsch; in der Religion um gut und böse, um wertvoll oder wertlos. Beide Bereiche werden getrennt der objektiven und der subjektiven Seite der Welt zugeordnet. »Die Naturwissenschaft ist gewissermaßen die Art, wie wir der objektiven Seite der Wirklichkeit gegenübertreten [...] der religiöse Glaube ist umgekehrt der Ausdruck einer subjektiven Entscheidung, mit der wir für uns die Werte setzen, nach denen wir uns im Leben richten.« Diese Entscheidung habe natürlich verschiedene Vorbedingungen in Geschichte und Kultur, in Erziehung und Umwelt, sei aber – Heisenberg schildert immer noch das Weltbild seiner Eltern und dasjenige von Max Planck – letzten Endes subjektiv und daher dem Kriterium »richtig oder falsch« nicht ausgesetzt. Planck habe sich in dieser Weise subjektiv für die christliche Wertewelt entschieden; die beiden Bereiche – objektive und subjektive Seite der Welt – blieben dabei aber fein säuberlich getrennt. An dieser Stelle fügt Heisenberg an: »Ich muss dabei gestehen, dass mir bei dieser Trennung nicht wohl ist. Ich bezweifle, ob menschliche Gemeinschaften auf die Dauer mit dieser scharfen Spaltung zwischen Wissen und Glauben leben können.« Nun nimmt Wolfgang Pauli den Faden des Gesprächs auf und verstärkt Heisenbergs Zweifel, erhebt sie gerade zur Gewissheit: »Die vollständige Trennung zwischen Wissen und Glauben ist sicher nur ein Notbehelf für eine sehr begrenzte Zeit. Im westlichen Kulturkreis zum Beispiel könnte in nicht zu ferner Zukunft der Zeitpunkt kommen, zu dem die Gleichnisse und Bilder der bisherigen Religion auch für das einfache Volk keine Überzeugungskraft mehr besitzen; dann wird, so fürchte ich, auch die bisherige Ethik in kürzester Zeit zusammenbrechen und es werden Dinge geschehen von einer Schrecklichkeit, von der wir uns jetzt noch gar keine Vorstellung machen können.« Die Teilnehmer des Dialogs konnten damals, 1927, höchstens ahnen, dass schon kurze Zeit darauf jene unseligen zwölf Jahre beginnen würden, in denen sich tatsächlich Dinge »von einer Schrecklichkeit« abspielten, die vorher noch als unmöglich erscheinen mussten. Gewiss, es gab eine nicht ganz geringe Anzahl von Christen, solche mit bekannten Namen und namenlos Gebliebene, die sich von der Kraft ihres christlichen Gewissens her der dämonischen Gewalt widersetzten. Aber in der Breite war die Macht der Verführung stärker, das Mitläufertum gab dem Bösen den Weg frei. Im neuen Aufbruch nach dem Krieg war die Zuversicht lebendig, dass solches nie mehr geschehen könne. Das damals in der »Verantwortung vor Gott« beschlossene Grundgesetz wollte Ausdruck sein für die Bindung des Rechts und der Politik an die großen moralischen Imperative des biblischen Glaubens. Die Zuversicht von damals verblasst heute in der moralischen Krise der Menschheit, die neue, bedrängende Formen annimmt.

»Der Zusammenbruch alter religiöser Gewissheiten, der vor 70 Jahren noch aufzuhalten schien, ist inzwischen weithin Wirklichkeit geworden.«

Der Zusammenbruch alter religiöser Gewissheiten, der vor 70 Jahren noch aufzuhalten schien, ist inzwischen weithin Wirklichkeit geworden. So wird die Furcht vor einem damit unausweichlich verknüpften Zusammenbruch der Menschlichkeit überhaupt stärker und allgemeiner. Ich erinnere nur an die Warnungen von Joachim Fest, der mit der schwierigen Dialektik von Freiheit und Wahrheit, von Vernunft und Glaube ringt: »Wenn alle utopischen Modelle [...] ins Ausweglose führen, zugleich aber die christlichen Gewissheiten ohne Kraft [...] im Absturz begriffen sind, muss man sich damit abfinden, dass es für das Verlangen nach Transzendenz keine Antworten mehr gibt.«

Aber keiner der Appelle, die an den Menschen in dieser Situation gerichtet werden, »weiß zu sagen, wie er ohne Jenseits leben kann und ohne Furcht vor dem Jüngsten Tag, und doch Mal um Mal wider die eigenen Interessen und Begierden zu handeln vermag.« Fest erinnert in diesem Zusammenhang an ein Wort Spinozas, das genau noch einmal die letztlich nicht zu ertragende Dialektik zwischen subjektiv und objektiv, zwischen Wahrheitsverzicht und Wertewillen bestätigt, die uns vorhin in der von Planck repräsentierten nachchristlich-bürgerlichen Welt begegnet war: »Wenn ich schon Atheist bin, möchte ich wenigstens wie ein Heiliger leben.«

Ich möchte hier nicht weiter schildern, wie Heisenberg mit seinen Freunden sowohl in dem Gespräch von 1927 wie in einem ähnlich gearteten von 1952, nun schon im Angesicht der nationalsozialistischen Schrecknisse geführten Dialog, den Weg aus der Schizophrenie der Moderne zu bahnen versucht, sich müht, von einem nach seinen eigenen Gründen fragenden naturwissenschaftlichen Denken her zu einer zentralen Ordnung vorzustoßen, die Kompass unseres Handelns wird und gleichermaßen zum subjektiven wie zum objektiven Bereich gehört. Denn ebendas ist die Frage, die mit dem Thema dieses Vortrags überhaupt gestellt ist.

Versuchen wir daher, zunächst einmal zusammenzufassen und zu präzisieren, was bis jetzt zu Tage getreten ist. Die Aufklärung hatte das Ideal der »Religion innerhalb der Grenzen der bloßen Vernunft« auf den Schild gehoben. Aber diese reine Vernunftreligion zerbröckelte schnell, vor allem aber hatte sie keine das Leben tragende Kraft: Religion, die tragende Kraft für das ganze Leben werden soll, braucht zweifellos eine gewisse Einsichtigkeit. Der Zerfall der antiken Religionen wie die Krise des Christentums in der Neuzeit zeigen dies: Wenn Religion mit elementaren Gewissheiten einer Weltansicht nicht mehr in Einklang zu bringen ist, löst sie sich auf. Aber umgekehrt braucht Religion auch eine Ermächtigung, die über das Selbsterdachte hinausreicht, denn nur so ist die unbedingte Forderung annehmbar, die sie an den Menschen erhebt. So hat man nach dem Ende der

Aufklärung aus dem Bewusstsein der Unverzichtbarkeit des Religiösen heraus nach einem neuen Raum für die Religion gesucht, in dem sie unangefochten von den weitergehenden Erkenntnissen der Vernunft sozusagen auf einem nicht mehr erreichbaren, von ihr nicht bedrohten Gestirn sollte leben können.

Deshalb hatte man ihr das »Gefühl« als den ihr eigenen Sektor menschlicher Existenz zugewiesen. Schleiermacher war der große Theoretiker dieses neuen Religionsbegriffs: »Praxis ist Kunst, Spekulation ist Wissenschaft, Religion ist Sinn und Geschmack fürs Unendliche«, definiert er. Klassisch geworden ist Fausts Antwort auf Gretchens Frage nach der Religion: »Gefühl ist alles. Name ist Schall und Rauch …« Aber Religion, so nötig ihre Unterscheidung von der Ebene der Wissenschaft auch ist, lässt sich doch nicht sektorial einengen. Sie ist gerade dazu da, den Menschen zu seiner Ganzheit zu integrieren, Gefühl, Verstand und Wille aneinander zu binden und ineinander zu vermitteln und eine Antwort auf die Herausforderung des Ganzen, auf die Herausforderung von Leben und Sterben, von Gemeinschaft und Ich, von Gegenwart und Zukunft zu geben. Sie darf sich nicht anmaßen wollen, Probleme zu lösen, die ihre eigene Gesetzlichkeit haben, aber sie muss zu letzten Entscheidungen befähigen, in denen immer die Ganzheit des Menschen und der

Welt im Spiele ist. Und gerade das ist doch unsere Not, dass wir heute die Welt sektorial aufteilen und dabei in einer bisher kaum abzusehenden Weise über sie denkend und handelnd verfügen können, dass aber die nicht abzuweisenden Fragen nach Wahrheit und Wert, nach Leben und Tod damit nur immer unbeantwortbarer werden.

Die Krise der Gegenwart beruht ebendarauf, dass die Vermittlung zwischen dem subjektiven und objektiven Bereich ausfällt, dass Vernunft und Gefühl auseinanderdriften und dabei beide krank werden. Denn die sektorial spezialisierte Vernunft ist zwar ungeheuer stark und leistungsfähig, aber ob der Standardisierung eines einzigen Typs von Gewissheit und von Vernünftigkeit gestattet sie den Durchblick auf die grundlegenden Fragen des Menschen nicht mehr. Daraus folgt eine Hypertrophie im Bereich technisch-pragmatischen Erkennens, der eine Schrumpfung im Grundlagenbereich entgegensteht und so eine Störung des Gleichgewichts, die für das Humanum tödlich werden kann. Umgekehrt ist Religion heute keineswegs abgedankt.

»Es geht nicht anders: Vernunft und Religion müssen wieder zueinander kommen, ohne sich ineinander aufzulösen.«

Es gibt in mehrfacher Hinsicht geradezu eine Hochkonjunktur des Religiösen, das aber ins Partikulare zerfällt, sich nicht selten aus seinen großen geistigen Zusammenhängen löst und, anstatt den Menschen aufzurichten, ihm Machtsteigerung und Bedürfnisbefriedigung verheißt. Das Irrationale, das Abergläubische, das Magische wird gesucht; der Rückfall in anarchisch-zerstörerische Formen des Umgangs mit den verborgenen Mächten und Gewalten droht. Man könnte versucht sein zu sagen, es gebe heute keine Krise der Religion, wohl aber eine Krise des Christentums. Ich würde dem nicht zustimmen. Denn die bloße Ausbreitung religiöser und religionsartiger Phänomene ist noch keine Blüte der Religion. Wenn Erkrankungsformen des Religiösen Hochkonjunktur haben, so bestätigt dies zwar, dass Religion nicht untergeht, aber es zeigt sie doch in einem Zustand ernster Krise. Auch der Anschein, anstelle des ermüdeten Christentums seien nun die asiatischen Religionen oder der Islam im Aufstieg begriffen, trügt. Dass in China und Japan die großen traditionellen Religionen dem Druck der neuzeitlichen Ideologien nicht oder nur ungenügend standzuhalten vermochten, ist offenkundig. Aber auch die religiöse Vitalität Indiens ändert nichts daran, dass auch dort ein geglücktes Miteinander zwischen den neuen Fragen und den alten Überlieferungen bisher nicht gelungen ist. Wieweit der neue Aufbruch der islamischen Welt von wirklich religiösen Kräften gespeist wird, bleibt gleichfalls zu fragen. Vielerorts – wir sehen es – droht auch hier eine pathologische Verselbstständigung des Gefühls, die die Drohung des Schrecklichen nur verstärkt, von der Pauli, Heisenberg und Fest uns gesprochen haben.

Es geht nicht anders: Vernunft und Religion müssen wieder zueinanderkommen, ohne sich ineinander aufzulösen. Es geht nicht um Interessenwahrung alter religiöser Körperschaften. Es geht um Menschen, um die Welt. Und beide sind offenbar nicht zu retten, wenn Gott nicht auf eine überzeugende Weise in Sicht kommt. Niemand kann sich anmaßen, fertig den Weg zu wissen, wie diese Not gelöst werden kann. Das ist schon deshalb nicht möglich, weil in einer freien Gesellschaft die Wahrheit keine anderen Mittel zu ihrer Durchsetzung suchen kann und darf als eben die Kraft der Überzeugung, Überzeugung aber in der Vielfalt der den Menschen bedrängenden Eindrücke und Forderungen sich nur schwer formt. Aber ein Versuch, den Weg zu finden, muss gewagt werden, um durch Konvergenzen, die sich zeigen, auch wieder Plausibilität zu schaffen für das, was meist weit außerhalb des Horizonts unserer Interessen liegt.

Der Gott Abrahams

Ich möchte hier nicht den Versuch Heisenbergs aufnehmen, von der eigenen Logik des naturwissenschaftlichen Denkens aus die Selbstüberschreitung der Wissenschaft und den Zugang zur »zentralen Ordnung« zu finden, so lohnend und so unentbehrlich solches Mühen ist. Mein Versuch in diesem Vortrag zielt darauf, sozusagen die innere Rationalität des Christlichen freizulegen. Dies soll in der Weise geschehen, dass wir fragen, was eigentlich dem Christentum im Verfall der Religionen der alten Welt jene Überzeugungskraft gegeben hat, durch die es einerseits den Untergang jener Welt auffangen und zugleich den auf die Bühne der Weltgeschichte hereintretenden neuen Kräften, den Germanen und Slawen, seine Antworten so weiterzugeben vermochte, dass daraus unbeschadet mancher Umbrüche und Zerbrüche eine über eineinhalb Jahrtausende hin tragende Form des Wirklichkeitsverständnisses entstand, in der alte und neue Welt sich verschmelzen konnten. Hier stoßen wir auf eine Schwierigkeit. Der christliche Glaube ist kein System. Er kann nicht wie ein geschlossenes Denkgebäude dargestellt werden. Er ist ein Weg, und dem Weg ist es eigen, dass er nur durch das Eintreten in ihn, das Gehen darauf erkennbar wird. Dies gilt in einem doppelten Sinn: Jedem Einzelnen erschließt sich das Christliche nicht anders als im Experiment des Mitgehens; in seiner Ganzheit lässt es sich nur erfassen als geschichtlicher Weg, dessen wesentlichen Verlauf ich in großen Zügen andeuten möchte.

Der Weg beginnt mit Abraham. Bei der Skizze, die ich versuche, kann und will ich selbstverständlich nicht in das Gestrüpp der vielfältigen Hypothesen darüber eintreten, was in den alten Berichten als historisch betrachtet werden darf und was nicht. Hier geht es nur darum zu fragen, wie die schließlich geschichtstragend gewordenen Texte selbst jenen Weg sehen. Da ist dann als Erstes zu sagen, dass Abraham ein Mensch war, der sich von einem Gott angeredet wusste und sein Leben aus diesem Gespräch gestaltete. Man könnte als Vergleich an Sokrates denken, dem ein »Daimonion«, eine merkwürdige Art der Eingebung, zwar nichts Positives offenbarte, aber den Weg verlegte, wenn er sich nur seinen eigenen Ideen hingeben oder der allgemeinen Meinung anschließen wollte. Was können wir über diesen Gott Abrahams ausmachen? Er tritt noch keineswegs mit dem monotheistischen Anspruch des einzigen Gottes aller Menschen und der ganzen Welt auf, aber er hat doch eine sehr spezifische Physiognomie. Er ist nicht der Gott einer bestimmten Nation, eines bestimmten Landes; nicht der Gott eines bestimmten Bereichs, etwa der Luft oder des Wassers usw., was im religiösen Kontext von damals einige der wichtigsten Erscheinungsformen des Göttlichen waren. Er ist der Gott einer Person, eben Abrahams. Diese Besonderheit, dass er nicht einem Land, einem Volk, einem Lebensbereich zugehörte, sondern einer Person sich zuordnete, hat zwei bemerkenswerte Folgen.

»Der christliche Glaube ist kein System. Er ist ein Weg, und dem Weg ist es eigen, dass er nur durch das Eintreten in ihn, das Gehen darauf erkennbar wird.«

Die erste Folge war, dass dieser Gott für den ihm zugehörigen, von ihm gewählten Menschen überall Macht hat. Seine Macht ist nicht an bestimmte geographische oder sonstige Grenzen gebunden, sondern er kann die Person begleiten, schützen, führen, wo immer er will und wo immer diese Person hingeht. Auch die Landverheißung macht ihn nicht zum Gott eines Landes, das dann das allein Seinige wäre. Sie zeigt vielmehr, dass er Länder vergeben kann, wie er will. Wir können also sagen: Der Person-Gott wirkt translokal.

Dazu kommt als Zweites, dass er auch transtemporal wirkt, ja, seine Sprech- und Handlungsweise ist wesentlich das Futur. Seine Dimension scheint – vorerst jedenfalls – hauptsächlich die Zukunft zu sein, denn an Gegenwart gibt er recht wenig. Alles Wesentliche ist in der Kategorie der Verheißung des Kommenden gegeben – der Segen, das Land. Das bedeutet, dass er offenkundig über die Zukunft, über die Zeit verfügen kann. Für den betreffenden Menschen bringt dies eine Haltung ganz eigener Art mit sich. Er muss immer über das Gegenwärtige hinaus leben, Leben im Ausgestrecktsein auf ein anderes, größeres. Die Gegenwart wird relativiert. Wenn man schließlich – das könnte ein drittes Element sein – die besondere Eigenart eines Gottes, sein Anderssein gegenüber anderen und Anderem, mit dem Begriff »Heiligkeit« benennt, so wird sichtbar, dass diese seine Heiligkeit, sein Selbstsein etwas mit der Würde des Menschen, mit seiner moralischen Integrität zu tun hat, wie die Geschichte von Sodom und Gomorrha zeigt. In ihr kommt einerseits die Nachsicht, die Güte dieses Gottes zum Vorschein, der um einiger Guter willen auch die Bösen zu schonen bereit ist; aber es kommt zugleich das Nein zur Störung der Menschenwürde zum Vorschein, das sich gerade im Gericht über die beiden Städte auswirkt.

»Gott hat zu Abraham gesprochen und Israel erwählt, aber er ist in Wirklichkeit doch der Gott aller Völker«

Krise und Weitung von Israels Glaube im Exil

In der folgenden Entwicklung zum Zwölf-Stämme-Bund, mit der Landnahme, dem Entstehen des Königtums, dem Tempelbau und einer weit ausgefächerten kultischen Gesetzgebung scheint die Religion Israels weitgehend in den Religionstyp des Vorderen Orients einzutauchen. Der Gott der Väter, der Gott des Sinai, ist nun der Gott eines Volkes, eines Landes, einer bestimmten Lebensordnung geworden. Dass das nicht alles ist, dass etwas Besonderes bleibt und in allem Auf und Ab des religiösen Lebens in Israel sich das Eigene, Andere seines Gottesglaubens durchhält, ja weiter ausformt, zeigt sich im Augenblick des Exils. Normalerweise ist ein Gott, der sein Land verliert, sein Volk geschlagen zurücklässt und sein Heiligtum nicht zu schützen vermag, ein gestürzter Gott. Er hat nichts mehr zu sagen. Er verschwindet aus der Geschichte. Beim Exil Israels geschieht erstaunlicherweise das Gegenteil. Die Größe dieses Gottes, seine völlige Andersheit gegenüber den Gottheiten der Weltreligionen tritt hervor, der Glaube Israels gewinnt nun erst seine große Gestalt. Dieser Gott kann es sich leisten, sein Land anderen zu überlassen, weil er an kein Land gebunden ist. Er kann sein Volk besiegen lassen, um es gerade so aus seinen falschen religiösen Träumen aufzuwecken. Er ist nicht auf dieses Volk angewiesen, aber er lässt es in der Niederlage dennoch nicht fallen. Er ist auch auf den Tempel und den darin gefeierten Kult nicht angewiesen, wie es die gemeine Vorstellung ist: Die Menschen ernähren die Götter, und die Götter erhalten die Welt. Nein, er braucht diesen Kult nicht, der in gewisser Hinsicht sein Wesen verdeckte.

So erwächst mit einem vertieften Gottesbild auch eine neue Kultidee. Wohl schon seit salomonischer Zeit hatte sich nämlich die Gleichsetzung des Persongottes der Väter mit dem Allgott, dem Schöpfer, vollzogen, den alle Religionen kennen, aber als den für die eigenen Anliegen nicht zuständigen Gott im Allgemeinen aus der Verehrung ausgrenzen. Diese im Prinzip vollzogene, wenn auch wahrscheinlich im Bewusstsein bis dahin wenig wirksame Identifizierung wird nun zur Kraft des Überlebens: Israel hat gar keinen Sondergott, sondern es verehrt nur den einen Gott überhaupt. Dieser Gott hat zu Abraham gesprochen und Israel erwählt, aber er ist in Wirklichkeit doch der Gott aller Völker, der gemeinsame Gott, der alle Geschichte lenkt. Dazu gehört die Reinigung der Kultidee. Gott braucht keine Opfer, er muss nicht von den Menschen erhalten werden, weil alles ihm gehört. Das eigentliche Opfer ist der gottgemäß gewordene Mensch. 300 Jahre nach dem Exil, in der ähnlich schweren Krise der hellenistischen Unterdrückung des Tempelkultes, formuliert das Danielbuch: »Wir haben in dieser Zeit weder Vorsteher noch Propheten ..., weder Brandopfer noch Schlachtopfer ... noch einen Ort, um dir die Erstlingsgaben darzubringen und um Erbarmen zu finden bei dir. Du aber nimm uns an! Wir kommen mit zerknirschtem Herzen und demütigem Sinn« (Dan 3,38f).

Gleichzeitig tritt mit dem Fehlen einer der Macht und Güte Gottes entsprechenden Gegenwart auch das futurische Element im Glauben Israels wieder stärker hervor, oder sagen wir vielleicht besser: die Relativierung der Gegenwart, die nur in einem größeren, den Augenblick, ja, die ganze Welt überschreitenden Horizont recht bewältigt und verstanden werden kann.

Der Weg zur Universalreligion nach dem Exil

Die 500 Jahre nach dem Exil bis zum Auftreten Christi sind vor allem durch zwei neue Faktoren gekennzeichnet. Da ist zunächst das Aufstehen der sogenannten Weisheitsliteratur und die ihr zugrunde liegende geistige Bewegung. Neben Gesetz und Propheten, aus deren Büchern sich langsam ein Schriftkanon als Maßstab der Religion Israels zu bilden begann, erscheint ein dritter Pfeiler – eben die Weisheit. Sie wird zunächst vor allem von den ägyptischen Weisheitstraditionen beeinflusst, lässt aber dann immer mehr auch die Berührung mit dem griechischen Geist erkennen. Hier wird vor allem der Ein-Gott-Glaube vertieft und die Kritik der Götter, die sich schon bei den Propheten zeigt, radikalisiert. Der Monotheismus wird weiter geklärt und gewinnt an rationaler Kraft durch die Verbindung mit dem Versuch eines vernünftigen Verstehens der Welt. Die Klammer zwischen Gottesgedanke und Weltdeutung wird eben im Begriff der Weisheit gefunden. Die Rationalität, die sich in der Struktur der Welt zeigt, wird als ein Reflex der schöpferischen Weisheit begriffen, aus der sie stammt. Die Wirklichkeitsansicht, die sich nun ausbildet, entspricht etwa der Frage, die Heisenberg in den eingangs berührten Gesprächen formuliert, wenn er sagt: »Ist es völlig sinnlos, sich hinter den ordnenden Strukturen der Welt im Großen ein Bewusstsein zu denken, dessen ›Absicht‹ sie sind?« In den gegenwärtigen Diskussionen über das

Zusammenspiel von Natur und Geist, etwa im Menschen, wird die Frage der Reduktion erörtert: Lässt sich das Phänomen Geist auf Materie reduzieren, oder bleibt da ein unerklärbarer Überhang? Hier würde man eher von der umgekehrten Sicht sprechen können: Geist ist imstande, Materie hervorzubringen, und ist als der eigentliche Ausgangspunkt der Wirklichkeit anzusehen, von der her sich das Ganze erklärt; bleibt die Frage, ob es nicht einen dunklen Überhang gibt, der sich nicht mehr darauf zurückführen lässt. Die Frage muss gestellt werden, ob eine solche Sicht weniger Wahrscheinlichkeit für sich hat als die von Monod formulierte und in gewisser Hinsicht für das gegenwärtige Denken durchaus repräsentative Meinung, das ganze Konzert der Natur steige aus störenden Geräuschen auf, d. h., die Rationalität sei abkünftig aus dem Irrationalen. Die Sicht der Weisheitsbücher, die Gott und Welt durch den Gedanken der Weisheit verknüpft, die Welt als Reflex der Rationalität des Schöpfers auffasst, gestattet dann zugleich die Verknüpfung von Kosmologie und Anthropologie, von Verstehen der Welt und Moralität, weil die Weisheit, die die Materie und die Welt aufbaut, zugleich eine moralische Weisheit ist, die wesentliche Richtungen der Existenz ansagt. Die ganze Tora, das Lebensgesetz Israels, wird nun als Selbstdarstellung der Weisheit, als ihre Übersetzung in menschliche Rede und Weisung aufgefasst. Aus alldem ergibt sich von selbst eine Nähe zum griechischen Geist, einerseits zu Motiven des Platonismus, andererseits zu der stoischen Verknüpfung von göttlicher Deutung der Welt und Moral.

»Der Glaube Israels zeigte den Zusammenklang von Gott und Welt, von Vernunft und Geheimnis.«

Die Frage nach dem Überhang des Ungöttlichen, des Irrationalen in der Welt, die wir vorhin berührt haben, nimmt in der Weisheitsliteratur die Form eines dramatischen Ringens mit der Theodizee-Frage an: Die Erfahrung des Leidens in der Welt wird zum großen Thema – einer Welt, in der das Recht, das Gute, die Wahrheit immer wieder verlieren gegenüber der Skrupellosigkeit der Mächtigen. Dies bringt nun von einem ganz anderen Ausgangspunkt her eine Vertiefung der Moral mit sich, die sich von der Frage des Erfolgs ablöst und gerade im Leiden, im Unterliegen der Gerechtigkeit Sinn sucht. Schließlich erscheint in Ijob die Gestalt des exemplarisch Frommen und zugleich exemplarisch Leidenden außerhalb der Grenzen Israels.

Der inneren Annäherung an die griechische Geisteswelt, an ihre Aufklärung und Philosophie, entspricht dann logischerweise ein zweiter wichtiger Schritt: der Übergang des Judentums in die griechische Welt, der sich vor allem in Alexandrien als dem zentralen Ort der Begegnungen der Kulturen vollzogen hat. Der wichtigste Vorgang in diesem Prozess war die Übersetzung des Alten Testaments ins Griechische, deren Grundstock – die fünf Bücher Mose – bereits im dritten Jahrhundert vor Christus gefertigt wurde. Bis zum ersten Jahrhundert hin bildete sich dann ein griechischer Kanon der heiligen Bücher aus, der von den Christen als ihr Kanon des Alten Testaments übernommen wurde. Die Bezeichnung dieser griechischen Übersetzung der alttestamentlichen Bibel als »Septuaginta« (Buch der 70) beruht auf der alten Legende, die Übersetzung sei das Werk von 70 Gelehrten gewesen. 70 war nach Dt 32,8 die Zahl der Weltvölker. So mag diese Legende bedeuten, dass in dieser Übersetzung das Alte Testament aus Israel heraustritt und zu den Völkern der Erde kommt. Das war in der Tat die Wirkung dieses Buches, das in seiner Übersetzung in vieler Hinsicht den universalistischen Zug in der Religion Israels weiter akzentuierte – nicht zuletzt im Gottesbild, wenn nun der Gottesname JHWH nicht als solcher erscheint, sondern durch das Wort Kyrios – Herr – ersetzt wird. So wird der geistige Gottesbegriff des Alten Testaments weiter vorangetrieben, was der Sache nach durchaus dem inneren Gefälle der angedeuteten Entwicklung gemäß war.

Der ins Griechische übersetzte Glaube Israels, wie er sich in seinen heiligen Büchern spiegelte, wurde alsbald zu einer Faszination für den aufgeklärten Geist der Antike, deren Religionen seit der sokratischen Kritik immer mehr ihre Glaubwürdigkeit eingebüßt hatten. Im sokratischen Denken war aber – im Gegensatz zu den sophistischen Strömungen – nicht der Skeptizismus oder gar der Zynismus oder der bloße Pragmatismus bestimmend; mit ihm war zugleich die Sehnsucht nach der angemessenen und doch das eigene Vermögen der Vernunft überschreitenden Religion aufgebrochen. So geht man einerseits auf die Suche nach den Verheißungen der Mysterienkulte, die aus dem Osten vordringen, andererseits erscheint der jüdische Glaube als die rettende Antwort. Da ist nun eine Verbindung zwischen Gott und Welt, zwischen Rationalität und Offenbarung, die genau den Postulaten der Vernunft und der tieferen religiösen Sehnsucht antwortete. Da ist der Monotheismus, der nicht aus philosophischer Spekulation kommt und darum religiös kraftlos bleibt, weil man nicht die eigenen Denkgebilde, die eigenen philosophischen Hypothesen anbeten kann. Dieser Monotheismus kommt aus ursprünglicher religiöser Erfahrung und bestätigt nun sozusagen von oben her, was das Denken tastend gesucht hatte. Die Religion Israels muss für die besten Kreise der späten Antike eine ähnliche Faszination gehabt haben wie die Welt Chinas in der Zeit der Aufklärung für Westeuropa, wo man meinte (zu Unrecht, wie wir heute wissen), endlich eine Gesellschaft ohne Offenbarung und Mysterien, eine Religion der reinen Moral und Vernunft gefunden zu haben. So hat sich über die antike Welt hin ein Netz von sogenannten Gottesfürchtigen gebildet, die sich an die Synagoge und ihren reinen Kult des Wortes anlehnten, in der Anlehnung an den Glauben Israels sich mit einem Gott in Berührung wussten. Dieses Netz von Gottesfürchtigen gemäß dem griechisch gewordenen Glauben Israels war die Voraussetzung der christlichen Mission: Das Christentum war jene ins Universale geweitete Gestalt des Judentums, in der nun das vollends geschenkt wurde, was das Alte Testament bis dahin noch nicht zu geben vermochte.

Christentum als Synthese von Glaube und Vernunft

Der in der Septuaginta dargestellte Glaube Israels zeigte den Zusammenklang von Gott und Welt, von Vernunft und Geheimnis. Er gab moralische Weisung, aber etwas fehlte doch: Der Universalgott war dennoch an ein bestimmtes Volk gebunden; die universale Moral war mit sehr partikulären Lebensformen verknüpft, die außerhalb Israels gar nicht gelebt werden konnten; der geistige Kult war immer noch an Rituale des Tempels geknüpft, die man symbolisch auslegen mochte, aber die doch im Grunde von der prophetischen Kritik überholt und für den fragenden Geist nicht mehr aneigungsfähig waren. Ein Nichtjude konnte immer nur in einem äußeren Ring dieser Religion stehen. Er blieb »Proselyt«, weil die volle Zugehörigkeit an die blutsmäßige Abstammung von Abraham, an eine völkische Gemeinschaft gebunden war. Auch blieb das Dilemma, wieweit nun doch das spezifisch Jüdische notwendig war, um diesem Gott recht dienen zu können und wem es zustand, da die Grenzen zwischen dem Unverzichtbaren und dem geschichtlich Zufälligen oder Überholten zu ziehen. Volle Universalität war nicht möglich, weil volle Zugehörigkeit nicht möglich war. Hier hat erst das Christentum den Durchbruch gebracht, die »Mauer niedergerissen« (Eph 2,14), und dies in einem dreifachen Sinn: Die Blutsbande mit dem Stammvater sind nicht mehr nötig, weil der Anschluss an Jesus die

»Christus war zur Entdeckung der schöpferischen Liebe geworden, die Vernunft des Weltalls hatte sich als Liebe offenbart.«

und erfüllt. Der alte Kult ist hinfällig und aufgehoben in der Selbsthingabe Jesu an Gott und die Menschen, die nun als das wahre Opfer erscheint, als der geistige Kult, indem Gott und Mensch sich umarmen und versöhnt werden, wofür das Herrenmal, die Eucharistie, als reale und jederzeit gegenwärtige Gewissheit steht. Vielleicht der schönste und bündigste Ausdruck dieser neuen christlichen Synthese findet sich in einem Bekenntniswort des ersten Johannesbriefs: »Wir haben der Liebe geglaubt« (1 Joh 4,16). Christus war für diese Menschen zur Entdeckung der schöpferischen Liebe geworden, die Vernunft des Weltalls hatte sich als Liebe offenbart – als jene größere Rationalität, die auch das Dunkle und Irrationale in sich aufnimmt und heilt. So war die geistige Bewegung, die im Weg Israels erkennbar war, an ihr Ziel gekommen, die ungebrochene Universalität nun praktische Möglichkeit. Vernunft und Geheimnis trafen sich; gerade das Zusammenziehen des Ganzen in einem hatte die Türen für alle geöffnet: Alle Menschen können Brüder, Geschwister werden von

völlige Zugehörigkeit, die wahre Verwandtschaft bewirkt. Jeder kann nun ganz zu diesem Gott gehören, alle Menschen sollen sein Volk werden dürfen und können. Die partikulären Rechts- und Moralordnungen verpflichten nicht mehr; sie sind zu einem geschichtlichen Vorspiel geworden, weil in der Person Jesu Christi alles zusammengefasst ist und wer ihm nachfolgt, das ganze Wesen des Gesetzes in sich trägt

dem einen Gott her. Und auch das Thema Hoffnung und Gegenwart erhält neue Form: Die Gegenwart läuft auf den Auferstandenen zu, auf eine Welt, in der Gott alles in allem sein wird. Aber gerade von daher wird sie auch als Gegenwart bedeutsam und wertvoll, weil sie jetzt schon von der Nähe des Auferstandenen durchtränkt ist und der Tod nicht mehr das letzte Wort hat.

Auf der Suche nach einer neuen Evidenz

Kann diese Evidenz, die damals die antike Welt zuinnerst traf und verwandelte, wiederhergestellt werden? Oder ist sie unwiderruflich verloren? Was steht ihr im Wege? Für ihren gegenwärtigen Verfall gibt es viele Ursachen, aber ich würde sagen, die wichtigste bestehe in der Selbstbeschränkung der Vernunft, die paradoxerweise auf ihren Erfolgen beruht: Die methodischen Gesetze, die ihren Erfolg gebracht haben, sind durch ihre Verallgemeinerung zu einem Gefängnis geworden. Die Naturwissenschaft, die die neue Welt gebildet hat, beruht auf einer philosophischen Grundlage, die letztlich bei Platon zu suchen ist. Kopernikus, Galilei, auch Newton waren Platoniker.

Ihre Grundvoraussetzung war, dass die Welt mathematisch, geistig strukturiert ist und dass man sie von dieser Voraussetzung her enträtseln und im Experiment begreiflich wie nutzbar machen kann. Das Neue besteht in der Verbindung von Platonismus und Empirie, von Idee und Experiment. Das Experiment beruht auf einer ihm vorangehenden Deutungsidee, die dann im praktischen Versuch abgetastet, korrigiert und für weitere Fragen eröffnet wird. Nur dieser mathematische Vorgriff gestattet dann Verallgemeinerungen, die Erkenntnis von Gesetzen, die zweckmäßiges Handeln ermöglichen.

Alles naturwissenschaftliche Denken und alle technische Anwendung beruht auf der Voraussetzung, dass die Welt nach geistigen Gesetzen geordnet ist, Geist in sich trägt, der von unserem Geist nachgezeichnet werden kann. Aber zugleich ist seine Wahrnehmung an die Überprüfung durch die Erfahrung geknüpft. Jeder Gedanke, der über die Verknüpfung hinausgehen, Geist in sich selbst oder der gegenwärtigen Welt vorausgehend ansehen würde, widerspricht der methodischen Zucht der Wissenschaft und ist daher als vorwissenschaftliche, unwissenschaftliche Denkweise in den Bann getan.

Der Logos, die Weisheit, wovon die Griechen einerseits, Israel andererseits geredet haben, ist in die materielle Welt zurückgenommen und außer ihr nicht mehr ansprechbar. Innerhalb des spezifischen Weges der Naturwissenschaft ist diese Beschränkung richtig und notwendig. Wenn sie aber zur unüberschreitbaren Form menschlichen Denkens erklärt wird, wird die Grundlage der Wissenschaft selbst widersprüchlich. Denn sie behauptet und leugnet den Geist zugleich. Vor allem aber ist eine so sich beschränkende Vernunft eine amputierte Vernunft. Wenn der Mensch nach den wesentlichen Dingen seines Lebens, nach seinem Woher und Wohin, nach seinem Sollen und Dürfen, nach Leben und Sterben nicht mehr vernünftig fragen kann, sondern diese entscheidenden Probleme einem von der Vernunft abgetrennten Gefühl überlassen muss, dann erhebt er die Vernunft nicht, sondern entehrt sie. Die Desintegration des Menschen, die damit gesetzt ist, ruft die Pathologie der Religion und die Pathologie der Wissenschaft gleichermaßen hervor. Dass es heute in der Lösung der Religion aus der Verantwortung vor der Vernunft in wachsendem Maß pathologische Religionsformen gibt, ist offenkundig. Aber wenn wir an menschenverachtende wissenschaftliche Projekte wie Klonierung von Menschen, die Produktion von Föten, das heißt von Menschen zum Zweck der Ausnutzung von Organen für Herstellung von pharmazeutischen Produkten oder auch überhaupt zu wirtschaftlicher Verwertung denken, oder auch wenn wir uns an die Instrumentalisierung der Wissenschaft zur Herstellung immer schrecklicherer Mittel der Zerstörung des Menschen und der Welt erinnern, dann ist offenkundig, dass es auch pathologisch gewordene Wissenschaft gibt: Wissenschaft wird pathologisch und lebensgefährlich, wo sie sich aus dem Zusammenhang

»Wenn der Mensch nach den wesentlichen Dingen seines Lebens, nicht mehr vernünftig fragen kann, dann erhebt er die Vernunft nicht, sondern entehrt sie.«

der sittlichen Ordnung des Menschseins verabschiedet und nur noch autonom ihre eigenen Möglichkeiten als ihren einzig zulässigen Maßstab anerkennt.

Das bedeutet: Der Radius der Vernunft muss sich weiten. Wir müssen aus dem selbst gebauten Gefängnis wieder herauskommen und andere Formen der Vergewisserung wieder erkennen, in denen der ganze Mensch im Spiel ist. Was wir brauchen, ist etwas Ähnliches wie das, was wir bei Sokrates finden: eine wartende Bereitschaft, die sich offenhält und ausschaut über sich hinaus.

Diese Bereitschaft hat damals die beiden geistigen Welten – Athen und Jerusalem – zusammengeführt und eine neue Geschichtsstunde ermöglicht. Wir brauchen eine neue Bereitschaft des Suchens und auch die Demut, die sich finden lässt. Die Strenge der methodischen Disziplin darf nicht nur Wille zum Erfolg, sie muss Wille zur Wahrheit sein, Bereitschaft für sie.

Die methodische Strenge, die sich immer wieder nötigen lässt, sich dem Gefundenen zu unterwerfen und nicht die eigenen Wünsche durchzusetzen, kann eine große Schule des Menschseins bilden und den Menschen wahrheitsfähig machen. Die Demut, die sich dem Gefundenen beugt und es nicht manipuliert, darf aber nicht zur falschen Bescheidenheit werden, die den Mut zur Wahrheit nimmt. Umso mehr muss sie sich der Sucht nach Macht entgegenstellen, die die Welt nur noch beherrschen und nicht mehr ihre eigene innere Logik wahrnehmen will, die unserem Herrschaftswillen Grenzen setzt. Die ökologischen Katastrophen könnten da zu einer Warnung werden, um zu sehen, wo Wissenschaft nicht mehr Dienst an der Wahrheit, sondern Zerstörung der Welt und des Menschen wird. Die Hörfähigkeit für solche Warnungen, der Wille, sich selbst reinigen zu lassen von der Wahrheit, ist unerlässlich. Ich würde hinzufügen: Die mystische Fähigkeit, sich selbst zurückzunehmen, eine größere innere Offenheit, eine Zucht, die sich dem Lauten und Aufdringlichen entzieht, müssen uns wieder als Ziele erscheinen, die zu unseren Prioritäten gehören. Bei Paulus steht die Mahnung, der innere Mensch müsse stärker werden (Eph 3,16). Seien wir ehrlich: Es gibt heute eine Hypertrophie des äußeren Menschen und eine bedenkliche Schwächung seiner inneren Kraft.

»Die Demut muss sich der Sucht nach Macht entgegenstellen, die die Welt nur noch beherrschen und nicht mehr ihre eigene innere Logik wahrnehmen will.«

Um nicht allzu abstrakt zu bleiben, möchte ich das Gemeinte zum Schluss mit einem Bild verdeutlichen, das einer geschichtlichen Erfahrung entnommen ist. Papst Gregor der Große († 604) erzählt in seinen Dialogen von den letzten Lebenswochen des heiligen Benedikt. Der Ordensgründer hatte sich im oberen Stockwerk eines Turmes zum Schlafen gelegt, zu dem von unten her »eine gerade Stiege« hinaufführte. Er habe sich dann vor der Zeit des nächtlichen Gebetes erhoben, um Nachtwache zu halten. »Er stand am Fenster und flehte zum allmächtigen Gott. Während er mitten in die dunkle Nacht hinausschaute, sah er plötzlich ein Licht, dass sich von oben her ergoss und alle Finsternis der Nacht vertrieb [...] Etwas ganz Wunderbares ereignete sich in dieser Schau, wie er selbst erzählte: Die ganze Welt wurde ihm vor Augen geführt, wie in einem einzigen Sonnenstrahl gesammelt.« Gegen diesen Bericht erhebt der Gesprächspartner Gregors Einspruch, mit derselben Frage, wie sie sich auch dem heutigen Hörer aufdrängt: »Was du gesagt hast, dass Benedikt die ganze Welt in einem einzigen Sonnenstrahl gesammelt vor Augen sehen durfte, das habe ich noch nie erlebt und kann es mir auch nicht vorstellen. Wie könnte denn jemals ein Mensch die Welt als Ganze schauen?« Der wesentliche Satz in der Antwort des Papstes lautet: »Wenn er ... die ganze Welt als Einheit vor sich sah, so wurde nicht Himmel und Erde eng, sondern die Seele des Schauenden weit ...«

In dieser Darstellung sind alle Details bedeutsam: die Nacht, der Turm, die Stiege, das Obergemach, das

Stehen, das Fenster. All das hat über die topographische und biographische Schilderung hinaus eine große symbolische Tiefe: Dieser Mensch ist in einem langen und mühsamen Weg, der in einer Höhle bei Subiaco begann, auf den Berg und schließlich auf den Turm gestiegen. Sein Leben war ein inneres Aufsteigen, Stufe um Stufe auf der »geraden Leiter«. Er ist im Turm angelangt und da noch einmal im »Obergemach«, das von der Apostelgeschichte an als Symbol der Sammlung nach oben, des Heraussteigens aus der Welt des Werkens und des Machens gilt. Er steht am Fenster – er hat den Ort des Ausblicks gesucht und gefunden, an dem die Mauer der Welt aufgeschlagen ist und der Blick ins Freie hinaus sich öffnet. Er steht. Das Stehen ist in der Mönchstradition Sinnbild des Menschen, der sich aus seiner Verkrümmung aufgerichtet hat, nicht mehr in sich verklemmt nur noch zur Erde schauen kann, sondern die aufrechte Haltung und so den freien Blick nach oben wiedergewonnen hat. So wird er zu einem Sehenden. Nicht die Welt wird eng, sondern seine Seele weit, da er nicht mehr vom Einzelnen absorbiert ist, von den Bäumen, die den Wald nicht erkennen lassen, sondern den Blick aufs Ganze gewonnen hat. Besser: Er kann das Ganze sehen, weil er aus der Höhe sieht, und die kann er finden, weil er innerlich weit geworden ist. Die alte Tradition vom Menschen als Mikrokosmos, der die ganze Welt umspannt, mag nachklingen. Aber das Wesentliche ist ebendies: Der Mensch muss aufsteigen lernen, er muss weit werden. Er muss am Fenster stehen. Er muss Ausschau halten. Und dann kann das Licht Gottes ihn anrühren, er kann ihn erkennen und von ihm her den wahren Über-Blick gewinnen. Die Fixierung auf die Erde darf nicht so ausschließlich werden, dass wir des Aufstiegs, der aufrechten Haltung unfähig werden. Die großen Menschen, die im geduldigen Aufsteigen und in den erlittenen Reinigungen ihres Lebens Sehende und darum Wegweiser der Jahrhunderte geworden sind, gehen uns auch heute an. Sie zeigen uns, wie auch in der Nacht Licht zu finden ist und wie wir den aus den Abgründen menschlicher Existenz aufsteigenden Drohungen begegnen und der Zukunft als Hoffende entgegengehen können.

Lebensdaten

1927
Am 16. April wird Joseph Alois Ratzinger als Sohn von Joseph Ratzinger und Maria Ratzinger in Marktl am Inn geboren. Dieser 16. April war der Karsamstag, an dem er auch mit dem neuen Osterwasser getauft wurde.

1929
Die Familie Ratzinger zieht nach Tittmoning an der Salzach um.

1932
Kurz vor Weihnachten zieht die Familie nach Aschau am Inn um.

1936
Joseph Ratzinger wechselt auf das Gymnasium in Traunstein, auf dem schon sein Bruder lernt.

1939
Joseph Ratzinger tritt in das erzbischöfliche Knabenseminar in Traunstein ein.

1943–1945
Zwangsweise wird Joseph Ratzinger als Flakhelfer rekrutiert, danach absolviert er den Reichsarbeitsdienst und wird einfacher Infanteriesoldat. Am Ende des Krieges gerät er in amerikanische Kriegsgefangenschaft, wird aber im Juni 1945 schon wieder entlassen.

1946
An der Philosophisch-Theologischen Hochschule auf dem Domberg in Freising beginnt Joseph Ratzinger sein Studium der Philosophie und Theologie, das er 1951 abschließt.

1951
Joseph Ratzinger wird, zusammen mit seinem Bruder Georg, im Juni 1951 zum Priester geweiht. Danach wird er Aushilfspriester in der Münchener Pfarrei St. Martin.

1951/52
In München Bogenhausen wird Joseph Ratzinger Kaplan der Pfarrei Heilig Blut und im Herbst 1952 zum Dozenten am Erzbischöflichen Klerikalseminar in Freising berufen.

1953
Mit der Dissertation „Volk und Haus Gottes in Augustins Lehre von der Kirche“ promoviert Joseph Ratzinger.

1954/55
Joseph Ratzinger übernimmt die Vertretung des Lehrstuhls für Dogmatik und Fundamentaltheologie in Freising.

1957
Joseph Ratzinger wird an der Münchener Universität im Fach Fundamentaltheologie mit der Habilitationsschrift „Die Geschichtstheologie des heiligen Bonaventura“ habilitiert.

1958
Joseph Ratzinger erhält die außerordentliche Professur für Dogmatik und Fundamentaltheologie in Freising.

1959
Der Vater von Joseph Ratzinger stirbt in Freising. Joseph Ratzinger geht an die Universität Bonn und erhält dort die Professur für Dogmatik.

1962
Joseph Ratzinger wird Berater des Kölner Kardinals Joseph Frings während des Zweiten Vatikanischen Konzils.

1963
Die Mutter von Joseph Ratzinger stirbt in Freising. Joseph Ratzinger geht als Professor für Dogmatik und Geschichte an die Universität Münster.

1966
Joseph Ratzinger wechselt die Professoren-Stelle und folgt dem Ruf an die Universität in Tübingen.

1969–1977
Joseph Ratzinger wird Professor für Dogmatik und Geschichte an der Universität Regensburg.

1977
Joseph Ratzinger wird durch Papst Paul VI. zum Erzbischof von München und Freising berufen und tritt damit die Nachfolge von Erzbischof Julius Döpfner an. Während des Konsistoriums im Juni 1977 wird er von Papst Paul VI. zum Kardinal ernannt.

1978
Joseph Ratzinger nimmt an den Konklaven für Papst Johannes Paul I. sowie Papst Johannes Paul II. teil.

1981
Papst Johannes Paul II. ruft Joseph Ratzinger nach Rom. Er wird in Rom Präfekt der Glaubenskongregation und Präsident der Päpstlichen Bibelkommission sowie der Internationalen Theologenkommission.

1984
Joseph Ratzinger wird Mitglied der Kongregation für die Heilig- und Seligsprechungen.

1986–1992
Joseph Ratzinger fungiert als Präsident der Kommission zur Vorbereitung des neuen Katechismus der katholischen Kirche.

1991
Maria Ratzinger, die Schwester von Joseph und Georg Ratzinger, stirbt in Regensburg.

1993
Papst Johannes Paul II. ernennt Joseph Kardinal Ratzinger zum Kardinalbischof.

2002
Joseph Ratzinger wird von Papst Johannes Paul II. zum Dekan des Kardinalskollegiums ernannt.

2005
Am 19. April wählen die Kardinäle im Konklave, im 4. Wahlgang, Joseph Kardinal Ratzinger zum Papst. Joseph Ratzinger wählt den Namen Benedikt XVI. Die öffentliche Amtseinführung erfolgt am 24. April auf dem Petersplatz in Rom. Im August 2005 reist Papst Benedikt XVI. zum Weltjugendtag nach Köln, Deutschland.

2006
Papst Benedikt XVI. veröffentlicht am 25. Januar seine erste Enzyklika unter dem Titel „Deus caritas est – Gott ist die Liebe“. Im Mai reist er nach Polen und im September stattet er seiner Heimat einen Besuch mit den Stationen München, Altötting, Regensburg, Freising ab. Im Dezember reist er in die Türkei.

2007
Am 16. April feiert Papst Benedikt XVI. seinen 80. Geburtstag.

Fotonachweis:

Alle Bilder von KNA-Bild, Bonn, außer:
Titelvorderseite (1), Seite 8, 11 unten, 15, 28, 35, 37, 42 unten, 44, 47 oben, 49, 50, 51 (2), 78, 102 oben, 117 (2), 138 und 154: © picture-alliance, Frankfurt/Main
Seite 39: © Edizioni San Paolo, Cinisello Balsamo (Italien)
Seite 48: © Pressestelle, Erzbistum München und Freising
Seite 73 oben und 74 oben: © Siegfried Adler, Böhlitz-Ehrenberg
Seite 83: © KIRCHE IN NOT/Ostpriesterhilfe Deutschland e.V., München
Seite 139: © L'Osservatore Romano, Città del Vaticano

Textnachweis:

Seite 10, 12, 16, 17, 20, 24, 28, 32, 46 und 48: Joseph Ratzinger/Papst Benedikt XVI.: Aus meinem Leben © 1998 Deutsche Verlags-Anstalt München in der Verlagsgruppe Random House GmbH
Seite 13, 14, 15, 22, 36ff, 62, 65, 98ff und 108ff: © Libreria Editrice Vaticana, Città del Vaticano
Seite 30f, 47, 76f und 80: Joseph Ratzinger/Papst Benedikt XVI., Salz der Erde. Christentum und katholische Kirche im 21. Jahrhundert. Ein Gespräch mit Peter Seewald © 1996 Deutsche Verlags-Anstalt München in der Verlagsgruppe Random House GmbH
Seite 144ff: Vortrag gehalten vor den Mitgliedern des Übersee-Clubs und der Katholischen Akademie Hamburg, am Dienstag, 3. Februar 1998, im Börsensaal der Hamburger Handelskammer, veröffentlicht in den Mitteilungen des Übersee-Clubs, Heft 1, Februar 1998.
Seite 78 und 140: © 2006 Radio Vatikan, Città del Vaticano

EDITION RADIO VATIKAN

BIBLIOGRAFISCHE INFORMATION DER DEUTSCHEN BIBLIOTHEK
Die Deutsche Bibliothek verzeichnet diese Publikation
in der Deutschen Nationalbibliografie;
detaillierte bibliografische Daten sind im Internet
über http://dnb.ddb.de abrufbar.

ISBN 978-3-7462-2171-4

Stammerstr. 11, 04159 Leipzig
www.st-benno.de
Redaktion: Volker Bauch, Leipzig
Gestaltung: Ulrike Vetter, Leipzig
Gesamtherstellung: Arnold & Domnick, Leipzig